飒

旅行没有方法论

和陌生的世界过过招

星行客生活馆 编著

中国地图出版社
北京

序

把旅行作为方法

阿兰·德波顿（Alain de Botton）在《旅行的艺术》一书中转述了一段故事：足不出户的厌世贵族德埃·桑迪斯公爵独居于巴黎市郊，以阅读文学经典为主业。一天清早，一本狄更斯的小说引发了公爵对英国人生活的强烈兴趣，于是他突然决定到伦敦旅行——说走就走，他收拾行装，买好了前往伦敦的火车票。离出发还有一些时间，公爵走进一家书店买了本《伦敦旅行指南》，又在附近一间常有英国人光顾的酒吧打望了一阵，想象着狄更斯小说中的场景，然后来到隔壁的英式小餐馆享用食物。但是，突然间，桑迪斯公爵怀疑起自己来：真的到了伦敦，是不是也就这样了？除了疲惫、厌倦和新的失望，还能期待什么呢？既然一个人能够坐在椅子上捧书漫游，又何苦真的出行？"我居然不肯相信我忠实可信的想象力，却像老笨蛋一样相信到国外旅行是必要、有趣和有益的！"于是，说回就回，他搭上最早的一趟火车又回到了他的居所。

看到这个故事，我的耳边立刻响起了Lonely Planet创始人托尼·惠勒（Tony Wheeler）关于旅行的那句经典名言："只要决定出发，最困难的部分就已结束。那么，出发吧！"显然，公爵大人没能越过这一关。

从表面上看，桑迪斯公爵没能出发完成一次真正的旅行，是因为他无法承受美好想象和实地旅行之间可能的落差，然而，走出自己惯常的生活，前往一个陌生的地方旅行，充满的未知性和不确定性，由此而产生的焦虑和不安全感，可能才是他无法克服的真正挑战。

从另一个角度来说，知识的获取可以归纳为三种方式，"亲知"、"闻知"和"说知"，即亲身感知、他人告知和逻辑推知。读书属于第二种，旅行属于第一种。从发心起意到动身上路，其实是跨越认知方式的一大突破，而出发就是实现这个转换的开关。公爵没能启动这个开关，就像没能打开旅行的魔法大门——没错，带着眼耳鼻舌身意这套全副人类装备，去现实世界亲证色声香味触法的绚丽饱满，才是真正的魔法。知识是头脑的事，只有通过自己的行动切身体验到了，才能真的成为认知，因为懂得，所以能够更好地理解世界。这可能就叫"非知之艰，行之惟艰"吧。

如果对旅行这桩事作个拆解，大约可以将其划分为起心动念、制订计划、实地旅行、返程回顾这四个部分。作为与有"旅行圣经"美誉的Lonely Planet合作了10年的出版者，我们很荣幸自己出版的数百种图书和杂志能够几乎全程参与这四个部分：有趣的图文，激发愉悦的阅读体验，为他日去往某地"种草"；有用的具体信息，为旅行者行前谋划和制订攻略提供详实资料，也是旅途中的实用向导；旅行结束，它们仍然可以发挥余热，成为你追忆旅程的线索和记录写作的参考。

这一套"旅行没有方法论"MOOK，从已经出版的《冷》《热》《漫》《泡》，到这本最新问世的《飒》，每篇文章都是来自Lonely Planet作者的"亲知"，其名称传达的是这样一种理念：旅行本身并不存在什么特定的方法，你以自己喜欢的方式去做就好。这套小书，延续着"负责任的旅行，有态度的探索"精神，其所讲述的旅行不只是单纯的"目的地"游览，更是一种对外部世界的情感探知，是充满思考和分享的过程。我们尝试选择不同寻常的视角来切题，比如"冷""热"是感官觉受，"漫""泡"是行为状态，而"飒"是风格气质，一种由女性自内向外生发舒展开来的生命存在。

"飒"这个字看上去就有种"七分化为月光，三分啸成剑气"的逍遥洒脱，独立自信，温柔坚定，"奕奕有林下风"，似乎都可以包容在"她"的意象中，但又不足以去形容"她"的全部。有趣的是，阅读本书时我试着以品味香水的节奏代入，竟然也对理解个中层次有奇效。"旅行之于我"是带给人第一印象的前调top notes，几位女子与旅行密不可分的人生故事分享，带来扣人心弦的初香。"女孩子的旅行"和"花式打卡"是复合的中调heart notes，变换地散发着海洋、森林、土壤、城市的气息，冷峻有时，灵动有时，深远有时，热烈有时，呈现丰富的核心体验，如同每段香调都会随着每个人体温和身体状况的差异而展现出微妙的不同。最后的"实用旅行建议"犹如尾调base notes，作为最稳定的角色构筑香氛底层逻辑，正如有了安全、技能和计划作为保障，旅行才能玩出花样，持久留香。

当然，这种"闻香识女人"式的解读仅是提供了一个可能的阅读视角，阅读同旅行一样，也各有各的方法。

虽然"旅行没有方法论"，但我们不妨把旅行作为方法，去探寻这个世界，遇见未知，拓展自己的认知边界，如弗吉尼亚·伍尔夫在《一间自己的房间》中所述："希望你们可以尽己所能，想方设法给自己挣到足够的钱，去旅行，去无所事事，去思索世界的未来或过去，去看书、做梦或在街头闲逛，让思考的鱼线深深沉入水底……"

至于怎样旅行，你说了算！

旅行之于我　001

可持续旅行，从尝鲜到事业	002
独自上路的姑娘	012
潜入旅行中：一个LP旅行指南作者	028
异国旅居8年：从岛民到山民	044
独自旅行：从20岁到60岁	060

女孩子的旅行　087

在杭州，寻找建筑的三种诗意	089
纽约，按下暂停键	101
从奥斯陆到卑尔根	113
坦桑尼亚：那么狂野，那么温柔	125
爱丁堡：最爱与你相逢	135
智利：行在天涯之国	153
南非克鲁格公园	169
巴勒莫的骨肉	181
布达佩斯：华丽的废墟	197

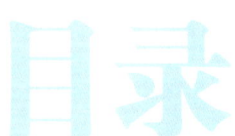

花式打卡 209

潮汕乡宅的南洋乡愁	210
旧屋新生中区2公里	214
紫阳花，梅雨季节的京都风物诗	218
街头小吃：体验意式平民美食文化	222
静止的风景：巴黎墓园漫游	226
摩洛哥：沙漠中的电影王国	232

实用旅行建议 241

健康和安全	242
打包指南	245
行程规划	248
女性旅行小贴士	250

编后记	254
幕后	255

旅行之于我

唐素君（Koko）

康藤旅游联合创始人兼CEO，全球可持续旅游委员会（GSTC）理事。全球旅行狂热爱好者，直到把旅行变成了事业，从城市回到了森林。目前居住于家乡云南，致力于以可持续的方式打造精品帐篷营地，并心怀期望推动可持续旅游标准在中国落地。

可持续旅行，从尝鲜到事业

告别律师行业，在赞比亚的间隔年彻底促成了Koko对大自然的回归。曾经众人眼中的职场精英，如今在云南的白云深处，探寻可持续旅行的真谛。一切正如她自己所言：这里，才是她内心的安放之处。

右图：在维多利亚瀑布上空飞行

20世纪80年代,我出生在昆明,推开窗就能看见大山,老鹰在空中飞翔。微风中,和爷爷一起放风筝,空气里弥漫着稻草收割后的清香。云南,是很多人向往的旅行目的地,对我来说,是家。

从英国学习法律毕业后归国,我在一家知名律所从事并购业务。作为一个好奇心满分的水瓶座,即便在昏天暗地的高压工作环境下,我还是挤出时间独自旅行,在七大洲的五十多个国家留下足迹。我把各地收集的明信片贴满办公室的墙壁。每当加班到夜深人静,抬起头,看着这些极致风景,内心的召唤就会响起:

"做完这个项目就可以去旅行了。"

赞比亚，我的人生转折点

2014年的一次出差，在飞机上看完电影《白日梦想家》，我的心一下子被击中了。"去冒险，去追逐，去感受人生。"那一刻，我的人生轨迹开始剧变。不想停留在白日梦里的我，在那一年辞职去了赞比亚。

我在首都卢萨卡租了一家小院，安顿下来，决定"像当地人一样生活"。

逛超市是我上的第一堂课。当地的最大超市是南非一家连锁品牌GAME，超市里生活用品从运动鞋到蔬菜牛排一应俱全，但物价着实让我惊讶：一个普通的塑料垃圾桶售价人民币99元，便携式吹风机高达人民币450元。然而，这都不算什么，我买完番茄和牛排，推着购物车回到停车场时，司机打开后备箱，突然掏出手枪先放在一旁，再帮我搬东西的画面，至今让我记忆犹新。

虽然与中国隔着一整个印度洋，但由于纬度相近，赞比亚的天气很像云南。在我心目中，当地的维多利亚瀑布是绝不容错过的自然奇观。我至今记得有一次乘坐轻便式飞行器，从瀑布上空穿过云雾，彩虹触手可及，微风抚过耳畔，浮动的气流让我陶醉。忽然，我发现脚底慢慢踱来一群去赞比西河边喝水的野象。那一瞬间，我真希望能背着降落伞从天而降。

如果没有这些野象和其他野生动物，赞比亚的美是残缺的。实际上，这里丰富的野生动物资源也吸引着全球各地的游客来访。他们享受着这片神奇土地保存下来的生命和奇迹，当地人也由此获得生活的经济来源。在赞比亚的这一年，我开始意识到旅行带来的价值，除了不同文明间的交流与和平，它还给当地人带来看得见的收益，从而进一步促使当地人去保护当地生态。

从康藤营地起步

2015年,大龄未婚的我为了缓解父母的担忧回到了云南,开始思考自己到底想要什么样的人生。父亲的朋友邀请我加入康藤营地。

初识康藤,是在丽江一个叫格拉丹的地方,海拔3680米。从老君山国家公园停车场出发,穿上防风尘的雨衣,在没有路的山间乘坐全地形越野车穿行一个半小时才能到达。但映入眼帘的雪山草甸、漫山遍野的紫色杜鹃、慵懒的羊群和星星点点的帐篷,让我真心发出赞叹。穿着彝族服装的姑娘站在营地门口,笑意盈盈,捧来热气腾腾的姜茶。那一刻,我被彻底打动了,决定加入。

后来,营地四处开花。在腾冲高黎贡山的森林里用高架栈道打造了康藤·高黎贡帐篷营地后,我们又在世界文化遗产哈尼梯田旁废弃的村落里打造了康藤·红河谷帐篷营地。河南云台山的竹林七贤主题帐篷营地也指日可待。然而,这一切并不像四处旅行那样云淡风轻,更像是一场新的冒险。

对环境的保护是我们面临的首要挑战。为了最大程度地保护高黎贡山的生物多样性,营地全部采用可拆卸帐篷,同时架起最高达12米的栈道平台。这样做的好处很明显,除了能利用现有的车辆通道,减少森林占用面积,还能将所有管道隐藏在栈道下面,无需单独再为管道挖沟填埋,减少了土质破坏。

高架栈道还能很好地区隔活动空间。

右二张图:康藤·高黎贡帐篷营地

门一关,营地能有效管理客人的活动范围,减少无序人类活动对周边环境的负面影响。但好奇的村民们蜂拥而至,有的甚至自带干粮徒步几小时,来参观这个不需要门票的"景点"。有一次,我甚至看到有人因为找不到入口而攀爬栈道。这让我陷入了两难,如果打开寨门,让村民们随意参观,就会影响客人的私密感受;但如果不开门,社区关系又该如何处理?那一刻,我意识到仅凭之前的旅行经历完全没法解决这个问题。多亏机智的同事们想出了"公众开放日"这个概念:每个月的15号或指定时间,营地都会停止接待游客,只对本地村民及其亲属朋友开放。他们走上栈道,了解了我们的用心,也从不同视角欣赏着这片他们生活的土地。如此一来,问题便得到完美解决。

2019年,我在清迈召开的全球可持续旅游委员会论坛上结识了Martin Heng。他从1999年起就为Lonely Planet工作,担任残障旅行部门经理和主编顾问。旅行不仅是他的爱好,也是他的工作。在一次车祸中,他不幸瘫痪,但他并没有放弃。在家人的帮助下,他积极做运动康复,还开始着手为残疾人编写旅行指南。

那年,Martin一家来到高黎贡营地。我陪他们去高黎贡自然公园,入口处是一条长长的台阶,这是进出的唯一通道。Martin

说:"我想用辅助器械试试看能不能走上去。"这让我震惊,台阶又高又长,Martin因为脊椎受伤严重,虽然能用辅助器械站立,但腿部肌肉还是无法支撑,并且就算是走上去,公园全是山路,他的轮椅也寸步难行。

Martin很坚持:"没关系,这台阶我慢慢爬上去,上面的路用轮椅走到不能走的地方,我就会在那里停下等你们回来。"

从震惊到敬畏,我意识到,这是一个强大的灵魂。我和他的儿子Griffin一起扶着他,一步一步从台阶走上去。每走几步,他就要停下来休息,汗水滴在我的手背上,一颗又一颗。苍白的脸色挡不住他的决心,整整1个小时,我们一起完成了这段旅程。从营地开建以来,这段台阶我爬过上百次,但只有这一次,我真切感受到它究竟有多长。114级台阶!这个数字恐怕我这一辈子都不会忘记,因为Martin让我看到了坚持的力量。

上图: Martin 一家

红河哈尼梯田

红河哈尼梯田是中国唯一一处用少数民族名称命名的世界文化遗产。上千年来，这片梯田保持着原有的耕种方式，森林、村庄、梯田、水系，四要素同构，形成了人与自然和谐共处的杰作。

这个人类奇迹是一个完整的生态农业体系。森林在高处，涵蓄了降雨，保存了灌溉水源，是一个天然的水库。村庄在当中，用夯土和石块构建的"人畜同居"的"蘑菇房"，给村民提供了遮风避雨的庇护所。由沟渠和竹管构成的重力灌溉系统形成水系，把森林储存的水输送到田地里。每年11月，村民们都要翻土重新修筑梯田，灌水养田。梯田倒映出天空的颜色，形成层层叠叠色彩缤纷的绝美风景。

可持续的意义

经营营地还给我带来了意想不到的收获。红河谷营地位于云南省红河州红河县,这里刚刚完成脱贫,但走向稳定发展还是一个不小的挑战。2020年,我带着一群客人,来到一个名叫小梅的哈尼族女孩家拜访。

小梅今年7岁,上二年级,很清秀,有一双明澈的大眼睛。小梅妈妈由于脑瘫,无法正常与人交流。家里一共4个孩子,只靠当环卫工人的爸爸养家。政府虽然给了扶持,却依然难以从根本上改变这家人的命运。

走进小梅家,我找不到她的书桌和玩具。她和妈妈睡一张床。家里唯一一台电视是政府给的,一直不停播放着《赛车总动员》,小梅看得很入神。我问她:"你愿意和我交朋友吗?"她点点头。我继续问:"你愿意和我握握手吗?"她害羞地低下了头。我用了各种"手段",送她画笔,玩石头剪刀布,甚至做鬼脸。当时,我特别想送她一份生日礼物,就问她生日是哪天。她低下头,开始用手在地板上画圈,说她不知道,原来过生日对她而言也是一种奢侈。

3天过后,小梅终于肯跟我握手了。她记住了我的名字,愿意跟我拍照,愿意拉着我去田埂边玩。小梅也开始陆续收到有爱心的客人寄来的衣物和书籍。不久前,她收到了人生中第一张只属于她的粉红色小床。

这一切让我想起了赞比亚,那里的偷猎情况因为可持续旅行的发展而减少了一些。我突然意识到,同样的事业一样能为小梅、为这片土地带来改变。不管怎样,从此之后,她打开了认知世界的一扇新窗户。

对我而言,又何尝不是如此。从爱好到事业,旅行开启了我

右图:小梅

生活的无限可能。希望在每一段旅途中,我都能停下来对自己说:"Hi,很高兴认识你。"

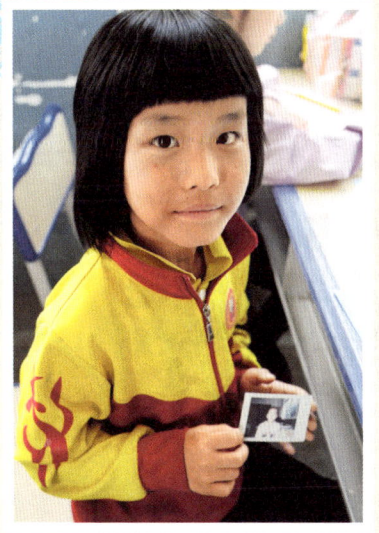

李昱臻

有过几次独自旅行的经历,遇到过很多独自旅行的女孩子(好吧,也许有一些已经是奶奶辈的了)。

独自上路的姑娘

我第一次独自旅行是在19岁的时候,在那个年纪,我的胆子比起现在还是大不少的,敢在夜里抵达陌生的小镇,敢和三轮车夫为了区区两块钱吵架,也敢期待下一次的独自旅行。若干年后,我已经很确定那种期待从何而来,因为它使我沉浸于一种相对理想的时空状态中,因为它能短暂满足我对自由的终极渴求。

渐渐地,我开始观察别的旅行者,尤其是那些和我一样独自上路的姑娘。只要稍加留意,就会发现独自旅行的女性确实多过男性,而且她们有一些共同点,比如都很镇定(或者说她们想方设法使自己看起来很镇定),很警觉,充满好奇心。

我相当享受和她们的交谈,因为有大于50%的概率会遇到一个知情识趣的姑娘,交换到几个值得收藏的小故事。

展开手脚，主动和陌生的世界过招

于我而言，旅行这件事最大的矛盾在于，我明明是个相当胆小的人，却总想着一个人上路。我是一个整日里谨小慎微的人，平时走着路总是担心踩到蟑螂，永远第一批穿上秋裤……但是好像一出门，我就忘了"怕"字怎么写。

许多人认为敢于独自旅行的人，尤其是女性，大多内心强大勇敢。不敢说其他人，反正我是一个极软弱、没有安全感的人。尽管总能装出一脸刚毅，谈起旅行立现豪迈之气，但凡有人问上一句"一个人旅行不害怕吗？"，我都带着云淡风轻的微笑说："没什么害怕的。"

当真不怕吗？我可太害怕了。

好几年前，我第一次去东南亚，飞机夜间10点才落地清迈。出租车把我送到位于一条相当幽蔽的小路上的旅舍。我放下行李和完全不懂英语的打更人比手画脚半天，最终明白了旅舍里没有任何吃的，我必须自己出去觅食。门外看不透的黑暗带着一种恐吓，但我在生理本能的逼迫下还是决定去地图上最近的7-11便利店买吃的。惊心动魄的300米路途中，我正面遭遇了三只狗、两个人，以及一排在黑影里形态诡异的房子。在一个转弯后突然世界被灯火点亮，我终于被清迈繁华的主街救赎。看着"马杀鸡"店门口进进出出的中国面孔、酒吧窗子里面翻着书的西方老人，就像见到老友一样幸福。

这几乎是我每段旅行开头必然发生的

左图：清迈街头　　右图：曼谷随处可见的突突车

一幕，带着一股可笑的怂劲儿，同时又强迫自己在"危险"边缘小心试探。即便两三天后能够渐入佳境，在多数时候，我也绝不轻易和人对视，狗也不行。我总是昂头挺胸，面部表情尽力在低调和"我不好惹"之间调试。

我可怜自己旅行时比别人要耗费更多体力，因为不安全感、焦虑、恐惧——带着这些东西去旅行简直如同绑着铅块去浮潜。但奇妙的是，我不仅没被一次次"惊险"的旅途吓破胆，反倒越来越兴奋，好像越是未知的旅途，反倒越激发出我的胆色，让我展开手脚，主动和它们过招。而当习惯了旅行的节奏后，我发现了独自上路的诸多好处，比如做决定和选择要比平时容易得多，而且会更加敏锐地察觉自己的需要，这让我更享受一个人的旅行时光。

我甚至开始觉得，不安全感是我独自上路的动力。

以往我常羡慕书里、博客里那些姑娘浑身是胆的好样子，如今我似乎证明了自己也是有着三分胆色的女子。尽管我可能永远也无法成为一个真正有胆魄的人，但是在每一场远行中，我都能感受到体内一股青涩的勇气，让我与我的不安全感达成了短暂的和解。

百分百的
韩国女孩

成为有胆色的女子之后，我有了个大胆的推测：独自旅行的人都是升级版的自己！不然为什么我这种平日里好吃懒做的人，一出门就变得会认路、会聊天，肩能挑、手能提，十项全能还魅力四射。但我还没意识到当时自己走入了一个误区，以为旅行中更好的自己是设计出来的，进而开始在旅行中"凹"起人设来了。

在人生第一次长途旅行中，我遇到了一个百分百的韩国女孩，她叫Gina，圆圆白白的一张脸，没有痘痘和斑点，也看不出用了什么化妆品。比起我经常见到的灰头土脸的独行姑娘们（包括我也是这样），她一身的清爽明媚真让人眼前一亮。我们相约共同度过一日，为彼此拍了无数照片，她教我怎么把腿拍得更长，脸转向哪一边更上镜。我当时很别扭，因为我正在经营一个酷且独立的女孩的形象，不肯放下架子。但是看到相机屏幕里自己长腿小脸的样子，又忍不住喜欢起来，身体很诚实地摆出她要求的样子。

我们坐在广场上开心地大笑，我请她喝了一罐可乐，听Gina说了一个非常受用的理论——她自有一套分辨韩国旅行者的办法：他们一定是东亚面孔里穿得最显眼的，而其中的入门级标准，则是一双鲜艳的运动鞋。这个标准在此后若干年每每得到印证，都让我会心一笑。

当一天结束之后，我已不自觉地被她感染，她轻松自然的状态让努力凹着"独立旅行"人设的我觉出了自己的傻气，但还是不服气地问她：你觉得旅行中的自己有什么不同吗？说实话我不记得她的答案了，之所以还记得这回事，是因为本来这个问题敲打的人就是我，我相信她压根儿没想过，也不会苦恼在旅行中要经营什么人设。八成她心里也在审视我：自然点不好吗，端着多累啊。

又过了几年，另一次长途旅行中，在原计划翻书的夜晚，我默默打开了视频软件，追起了每周固定的综艺，还顺手在淘宝购物车里加了几样东西。而在那场旅行的尾声，我疯狂地想念火锅和熟悉的床，并且陷入了对纸醉金迷生活的渴望。于是在机场，我几乎可以说是控制不住地迷失在华服名包之中。我终于失去了和自己较劲的耐心，决定像Gina一样，放松下来，不再端着。

我还记得买下一只手袋时内心的解脱：去他的吧，我就是要这只手袋，这才是眼下最紧要的事情。

住在旅行箱里的艺术家

有一阵子，我开始避讳谈"旅行"这两个字，觉得俗气，只说自己爱"出远门儿"。那时我又有了新的理论：旅行的本质应该是远离日常生活。因此，我尝试在一个地方待得更久，以获得"生活在别处"的错觉；或者飞速辗转于不同城市之间，追求一种在路上的漂泊感。

一次我在德国一个小城中转，入住一间有着高高天花板约有百八十年历史的青旅多人间。住青年旅舍总如一场豪赌，你永远不知道室友会给你带来什么麻烦（还记得我说自己胆小的事吗），但也因此总有机会见到一些古怪的人。

当时，房门突然被打开，进来了一个不寻常的女人：寸头，皱眉，斜背着打了结的旧背包，拎着巨大的编织袋。胖且高大

右图：伊朗伊斯法罕
三十三孔桥

的身躯挤进了房门之后，我才看见她身后还拖着一个撑变形了的买菜小车。我第一反应是她是这里的清洁工，于是用德语同她"Hallo"，她却用英语回我"Hi"，然后娴熟地从她的大小包裹里掏出各种各样的东西，犹如打点新居一样面面俱到。

我捧着一张地图，用余光不断偷看着这个可疑的女人，她似自言自语地抱怨了几句储物柜，我顺口跟着吐槽了一声，她就像刚发现我一样，坐下来开始和我聊天。我这才大胆地直视她：圆寸应该剃了有一段日子了，因此现在呈现出毛茸茸的柔软质感，中和了她眉眼和嘴角的刚烈。一点都不意外，她是一位艺术家。

在回答她来自哪里这个问题时，她犹豫了一下才说出"伊朗"，并且紧跟着一句反问："你知道那个国家吗？"那语气比起自嘲，更接近于讥讽。

得知我不仅知道伊朗，居然还去过，她对我突然有了兴趣。

但我却犯了难，我总不能和她聊政治，虽然我在伊朗的时候发现吐槽他们的某位前领袖是一件政治正确的事情，但她肯定觉

得我又肤浅又无聊。可我更不能和她谈艺术,于是我做了件更傻的事情:和她聊旅行。

我问她旅居各国的感受。果不其然,她挑眉看着我,"旅行?我只是住在旅行箱里。"我瞥了瞥她的买菜推车和编织袋,心想,这话倒也不十分准确。

她说自己在很多国家生活过,比如英国和法国,而现在则处于漂泊的状态,从一个城市辗转到另一个城市,她不确定这种状态能否叫旅行。

"我某段时间在路上,但那只是为了到达下一个地方。如果我不知道下一站在哪里,这段路程就会很长。"

我诚恳地告诉她这十分贴近我对于旅行的向往,因为它彻底地脱离了日常生活。她的脸如同回答我她来自伊朗一样,露出一丝苦涩:"何必自寻烦恼呢,没有意义,"顿了顿又重复了一遍,"没有意义"。

她从背包里的一个丝质小包中翻出一个信封,里面是一沓明信片大小的水彩画,是她的作品,以房间和静物为主,色调大多温暖柔和,只是这一张和那一张看起来都颇为相似。

我既不懂艺术,更不懂艺术家,但我确定她是一个青旅"杀手"。当夜我听见她在黑暗中爬上我隔壁那张可怜的钢板床上铺时,就开始揪心了。没过几分钟,我就听到了防空警报一样可怕的呼噜声,在偌大的房间里横冲直撞。翌日早餐后,她已重新打包好行李,见我回来便递给我一张画片儿,很随意地说,一个小礼物。那是她前晚向我展示的若干作品中的一幅,画的是一个房间,正中央一扇明亮的窗引入满屋温暖的橘色。

我突然想,这可能是她在漫长的旅行中,始终携带的日常。

我们互道了珍重,她离开后,我又回到床上开始补眠。

眯眼睛的
导游小姐

我发现，要在旅途中听到另一个单身姑娘的故事真是太容易了。事实上，两个独自旅行的姑娘，一旦能交谈上，大约1个小时之后，你就会发现你们已经在谈论恋爱秘闻和避孕措施了。

我曾遇到一个日本女孩子，她独自定居澳大利亚，做着一份导游的工作，每年淡季的时候就自己出来玩。她讲话的时候总喜欢眯着眼睛，眯到几乎闭起来，变成两道弯弯的线。因此她无论说什么，在我看来都是一副十分享受的样子。

她和我反向旅行，问我下一站是不是要去M城，我说是的，她用日本女孩独有的夸张语气极力向我推荐中途的一个小城S。她说她在那里住了一个月，每天就泡在旅馆旁的咖啡馆里，研习当地的慵懒和缓慢，以至于和咖啡馆老板以及他的邻居都处成了朋友。

我们坐在老街的餐馆里，讨论这个国家的咖啡馆完全被男人霸占了，他们在这里一坐一整日，聊着对这个国家的经济发展毫无贡献的闲话，为数不多的好青年好小伙都到发达的邻国去学习或打工了，而国内的这些普通的工作则大多由女人承包了，比如此刻餐馆里的服务员。

在一起吃了两顿共计四种口味的烤肉饼之后，她突然对我说：真是难以置信，我们已经在讨论结婚的事了。谁？哦，我随即反应过来，是那个咖啡馆老板。

她望着我瞠目结舌的样子，脸上划过一丝淡淡的得意。

我用相当戏剧化的口气问她："How？"

她耸耸肩，"我甚至没搞清楚事情是怎么发生的。那一天他在柜台后面煮咖啡，我在门口的椅子上坐着，好像自然而然地就聊到了这个话题,然后这事儿就定了。"

"在此之前,你们就相爱了?"

"之前没想过,那个时刻觉得,ei——是爱情。"那是一个相当有日本特色的"ei",拖着长长的尾音,隆重引出后面的字句。

我没办法不去想象那个瞬间,他们完成了对对方最刺激的诱惑,坦白了彼此陷入爱情的事实,却漫不经心地好像在谈论咖啡的浓淡,自此别无他话。

我必须得承认,我羡慕她的运气——是啊,旅行是需要点浪漫的,而浪漫是需要运气的。所以我由衷地对她说:"这真是太浪漫了。"

不过我渴望的浪漫不是非得结婚才行。

有一年夏末我忽然想去蒙古,满脑子想着在绿色的山丘上信马由缰,告别手机和城市,潜入我从小就有的一种草原情结中。一个女朋友知道了,来问我一个人去蒙古怎么玩,是不是走到马市,然后酷酷地说一句"给我一匹马"?这是她的想象,又何尝不是我的?

事情的真相是,我根本不会骑马,而是投靠了一个专门满足我这种离奇想法的组织。但因为我身体协调性之差,六天的马背生涯没能让我信马由缰,只在屁股上留下两块对称的疤,它们在白天薄薄地破了一层皮,第二天在尚未愈合的创面上又多磨破一层,直到现在疤痕也没消去。

几乎每天我都有一种在世界上失重的感觉。有一天黄昏时,同伴们都已经奔向营地,而我的马却怎么也不肯再走一步。我只好下马牵着它走,一脚深一脚浅地向着落日(也是营地)的方向走,我环顾四周,没有声音,没有景物,只有褪去了盛夏鲜嫩颜色的山丘,一重绿、一重黄的,无穷无尽地蔓延开去。

那是怎样一个时刻呢,也许就是,我真切地感知到天与地的存在。

我突然被一股强烈的浪漫拥抱住了。

此情此景,我想我已经得到了顶尖的浪漫,不需要导演再塞给我一个套马的汉子了。

告别日本女孩后，我坐火车继续南下，火车中途在一个小站停靠，我知道这就是导游小姐的定情之地，不禁替她操心起来，婚后是否要搬到这个小城生活？然而她并未谈及今后的打算，或者是刻意略去了后面的情节。

我又想起当时的情景，我问她，"然后呢？"

"然后？"

"对啊，然后呢，决定结婚之后呢？"

她的眼睛似乎全闭了起来，思索了片刻，对我说："然后我们就不再谈论这件事情了。"

诚然，无论在旅行家或是小说家的眼里，在那个瞬间之后，就已经是另一个故事了。我想导游小姐是真正的浪漫大师，把故事停在最平淡而别致的瞬间。

车轮启动，我收回思绪，不再回想这件事情。

旅途总是如此，
能偶遇很多有趣瞬间。

故事之外

  我喜欢独自旅行，也许是因为我喜欢独自旅行中的自己，我和世界之间仿佛多了一层滤镜，使我们两看不相厌。我也欣赏自己在旅途中遇到的那些女孩子，她们对旅行有那么多的奇思妙想，那么多的热情，我还羡慕她们的胆量、心态、见识，甚至是运气。我永远不知道这些擦肩而过的女性在生活中是什么样子，可她们在一个人旅行的时候是那么地可爱、迷人。我相信这是旅行的力量，也是女性自身的美丽能量。

张小电

旅行作者，在时间和世界都允许的时候，也喜欢住在海边。

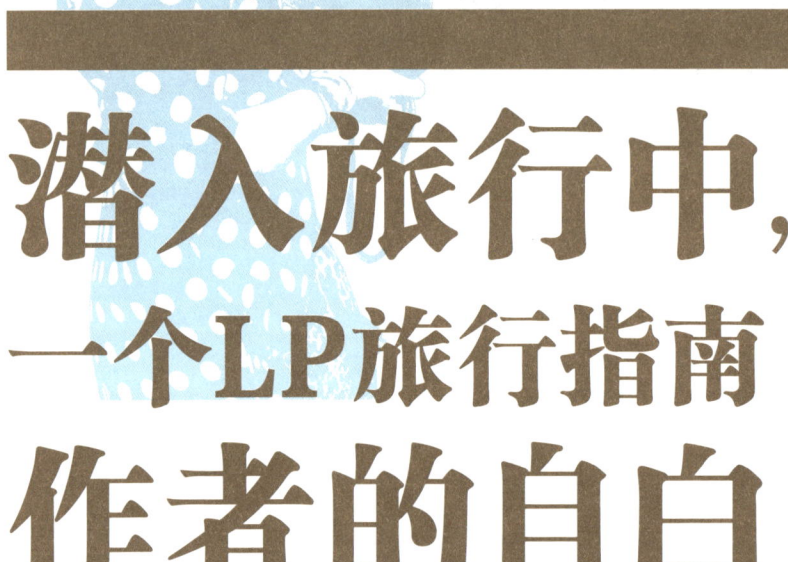

潜入旅行中，
一个LP旅行指南作者的自白

右图：泰式冰黑咖啡和 Yeutafo 粿条汤

想象与现实

在成为Lonely Planet图书作者之前和之后,我都是一个非常懒散的人,因为没法做到早起通勤,上班是不可能上班的,当然也可以自夸是喜欢自由。刚毕业时完全不知道自己能做什么,在服装店打过工、在地下酒吧调过酒,中间还有一段在青年旅舍打工换宿的经历,晚上在旅舍的餐馆里端盘子,白天就溜出去到处逛。在2009年那个金色的秋天,我在西安的城墙根下,第一次享受到了那种深入目的地的乐趣,就像整个人潜入了旅行中。

机缘巧合,我成了Lonely Planet旅行指南的作者,在旅行中体会深入了解目的地的乐趣,同时完成工作的内容。我享受这种乐趣与工作同在的状态,但这种状态和大家的想象其实有很大区别。

很多人想象中旅行作者的工作场景是:下飞机后拖着行李箱潇洒步入专车,用各种数字设备记录旅行时的美景,随走随玩,兴起了,就坐在碧绿的溪水旁写一首诗。

而我作为旅行作者时的真实工作场景却是:在村道口背着大包灰头土脸地拦班车,用纸、笔和内存吃紧的手机记录信息。每天都被排得满满的日程追着走,抽出时间来才能坐在碧绿的溪水旁啃半个面包。

一个非常懒散的人在工作时完全无法施展自己的懒散,多么遗憾啊!所以结束调研后,我做的第一件事就是回到家,躺在床上看三天动画片。

小谎言和职业病

我一直有个假设:《银河系搭车客指南》的作者道格拉斯·亚当斯可能也做过Lonely Planet旅行指南的作者。因为他在书中写到关于指南田野调查员的行为准则：绝不允许在编辑时有所倾向，以换取任何形式的服务、折扣或特惠照顾。除非——第一，他们已经真心诚意地尝试过用普通方式为服务付账；第二，否则的话，他们的生命就会遇到危险；第三，他们确实想这么干。

这几乎就是Lonely Planet指南作者工作守则的演绎版。调研时，我们要尽量以自己的独立调查和判断来选择POI（point of interest，也就是包括景点、活动、餐饮和住宿等范围的推荐选点），并且不接受任何形式的评论交易。

因此，为了保证工作效率和内容的独立性，调研时我会尽量隐藏身份，比如假装成毕业论文要写汉画像石的学生，或者毕业后没找到工作因而在非节假日时仍有时间到处旅行的年轻人。

除了尽量避免告诉别人自己是做什么的，并因此编造一些无伤大雅的小谎言，这份工作还让我收获了一个有点奇怪的职业病：难以自控地对着信息牌拍照。

左图：青岛樱花掩映的路牌　　右图：青海德令哈的路牌

别人的旅行是拍风景、拍人和自拍,而在我调研时,总是会拍公园开放时间、机场地铁站末班时间和博物馆导览器押金的信息。因为在撰写指南时,提供准确的信息是非常重要的一部分,但我调研时也不能把太多的时间精力消耗在这些实用信息上,所以记录的事情就交给手机来完成。

相识十年之后,我和我的入行编辑有一次去郊游,在青山绿水和不需要工作的轻松氛围中,我却看到她掏出手机对着信息牌一顿狂拍。我突然有点悲伤地明白了,这不只是我一个人的职业病。所以我劝她的同时也是劝自己:"自己出来玩,你看那些花花草草不漂亮吗?放下吧,不要再拍信息牌了。"

享受迷你正向社交

当然，这份工作对我的积极影响更为重要。为了完成工作，调研时需要和各种各样的人交流。作为一个并不热衷于社交的人，在这些被动去完成的交流过程中，我逐渐开始习惯更主动地和人沟通。除了非常实用主义地获得自己需要的信息，我也学会了接受和赞美来自陌生人的善意，并且在毫不熟悉的地方也能建立自信去和当地人接触，这让我在旅行中尝到了一种迷你正向社交的甜蜜感。

调研旅行指南需要的信息时，我最怕打交道的人是汽车站问询员。因为在几年前还无法通过各种手机应用来查询车次信息，只能去找他们打听。面对问询员，我的一连串问题都是关于去往几个甚至十几个不同地方的发车时间、车程和票价，而那些日复一日备受汽车站嘈杂环境和乏味工作折磨的人在最后总是会回复："你到底要去哪？"

不过在安徽铜陵，我遇到了一位非常优秀的问询员，她提供了所有我需要的信息，还非常有耐心地向另一位阿姨解释，去上海到哪个车站下车更方便。因为这份工作，我接触过的车站问询员大概多于世界上99%的人，所以我觉得自己有资格赞美她。我对她说："你是我遇到过最好的车站问询员。"她非常温柔地回答："你们也好。"

在过去几年中，我有比较长的时间在泰国和法国旅居。在泰国时我住在一个海边小镇，镇上没有什么高楼大厦，家家户户都喜欢坐在自家的二层小楼门前，一边整理手上的渔网或准备食物，一边打量路上来来往往的人。从他们门前路过时，我尝试和他们点头示意打招呼，每次都能收获善意的笑容，有时还会收获他们

上图：曼谷 Ratchata 夜市　　下图：印度火车站

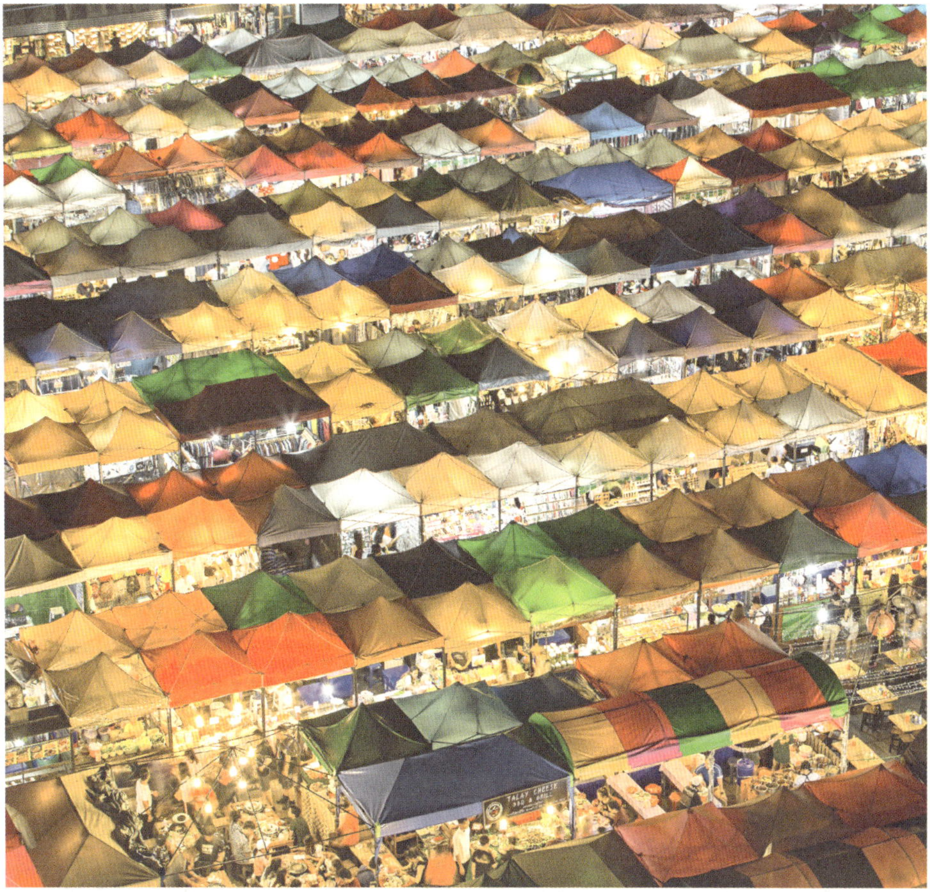

TALAY CHEESE
BBQ & GRILL

4213
4213
กรุงเทพ
BANGKOK

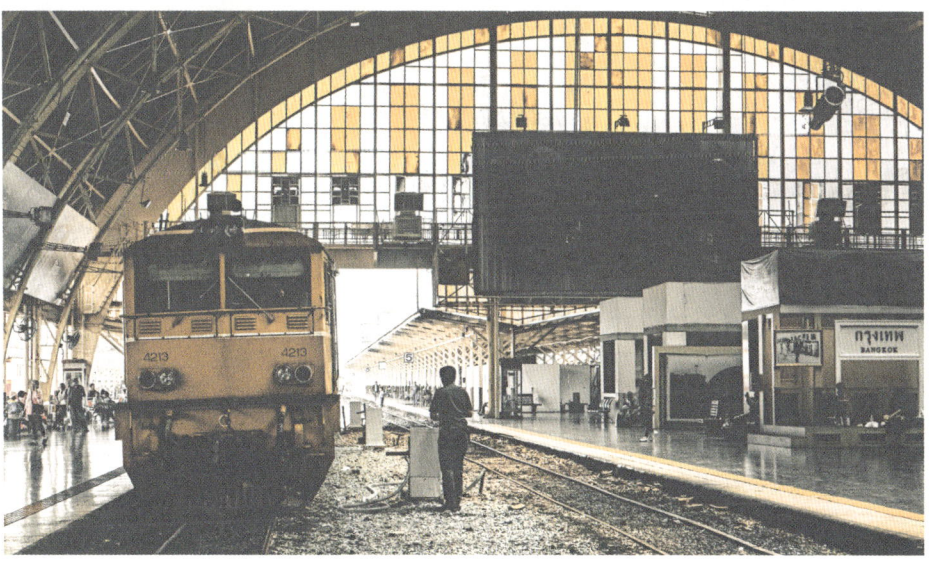

赠送的烤肉串和大芒果。在街上遇到熟悉的快递员骑着摩托车迎面而来，只要我向他招手示意，那个从我身边快速掠过的影子就会快乐地喊出："哈啰！萨瓦迪卡。"

在法国时，我尝试用非常有限的法语去和商店店员说"你好"和"再见"，向在路上遇到的对我善意微笑的人回报以微笑。越来越多次接触之后，我发现，刻板印象中以高傲不理人而著称的法国人，以及刻板印象中总是低着头一言不发的东亚人，都很享受这种迷你的正向社交，并且互相认识到：之前所接受的那种刻板印象并不完全真实。

上图：法国街边咖啡店

在赫尔墨斯守护下，
与骗子的较量

当然，旅行中并非处处都充满善意，希腊神话中与旅人同在的赫尔墨斯同时也是骗子的守护神。在我的体验里，旅行的经历越多，就越有底气去和那些专门欺骗懵懂外乡人的骗子们较量一番。而且，我逐渐发现，他们也并非绝对的反派。这种旅途中的骗局甚至还带有一种随机的宿命感：萍水相逢一场局，不论成败都从此江湖不再相见。

传闻里，印度盛产难缠的小商贩，而我刚到加尔各答时，就在兑换店里遇到了一位。我需要将20美元换成卢比，按照当时的汇率来看，12张100卢比是他能赚、我也不亏的价钱，我问那位包着头巾的男人："多少张？"他说："6，我给你好价钱。"我说："12。"之后的讨价还价声合成了一串有点无聊的密码。

"7。"
"12。"
"8。"
"12。"
"9。"
"12。"
"11，不能再高了。"
"我要12。"

最后，我们之间还是做成了一单比较公平的生意，而在他看来，可能我才是那个难缠的人。

上图：加尔各答街景

我还曾在越南老街市遇到过一个让我印象深刻的骗子。在这种作为交通中转站的小城镇，旅人们初来乍到又急于离开，骗子最善于嗅出这种陌生和焦虑，他们玩弄不对等的信息差来赚点小钱，不过有时也提供有限的帮助。我在这个既不太大又不太能使人印象深刻的边城里，前后总共遇到这个骗子3次。

第一次是在火车站门口，他正在尝试把火车票加价一两美元，倒卖给那些背着大包的大个子白人。为了让他的高价票更有竞争力，他便撒谎"火车站窗口的票不卖给外国人""今晚到河内的票已经卖光了""我的票比窗口要便宜50千盾"，面对每一个潜在客户都有不同的小谎话脱口而出。

第二天在短途班车站又遇到他，这次他试图让我乘坐一辆黑车去我要去的那个镇子，理由是"每天一班的班车5分钟前刚开走了"。而当那辆在他口中已经开走的班车远远驶来时，他却指着小

上图：越南
河内的火车

广场的另外一角,告诉我停车的正确位置。

  第三次遇到他还是在火车站,我在等候去河内的夜班火车,他在等候发车前把黄牛票卖出去的机会。这回他终于不再尝试骗我,我们甚至开始聊天。当我问起他是不是天天都在这里干活,他说是,随即有些忧愁地不再做声。之后他移动到一个神情迷糊的白人旁边,问他有没有买到票,再次推销失败后,他给那个人指了进站口的方向,随即消失在人群里。

干了这行
就什么都得吃一口

旅行的另一大乐趣,就是可以吃到各种各样的当地美味。

从前我对食物的关注点主要在食材、配料和烹饪方法上,而在旅行的积累中我开始对海外移民族群的历史产生兴趣,我真切地感受到不同地方的风土会养出不同的物产,并且发现人类族群迁徙与当地美食之间有着千丝万缕的联系。所以我便留意去寻找那些散落在时空中的细微旅行踪迹,跟随它们去发现碗中的那一口乡愁滋味。

岭南客家菜是我非常喜欢的地方饮食,尤其是那种简单质朴的山林滋味。同时我发现,这里的家常伙食又是狡猾的,比如代表性的擂茶,连茶汤带炒米再加上青菜和豆子,一同吃下去感觉很饱,却丝毫不觉得困,让人只想赶快去劳动,好把那些谷物和植物纤维消化掉。

另一道客家招牌菜酿豆腐,暗藏着客家人背井离乡的迁徙故事:传说客家人从中原南迁,想念饺子的味道,但苦于岭南种不出麦子,就在豆腐里塞馅儿来假装自己吃到了饺子。

事实上,我第一次吃"酿豆腐"是在泰国曼谷。老城运河旁有一家生意很好的小吃店,招牌上的中文繁体字显示了店家的华裔血统。除了招牌的鲜虾云吞,菜单上还有一道叫作Yentafo的小吃,这个词在客家话里就是酿豆腐的意思,但端上桌的却是一碗加了红色调味料的海鲜粿条汤。这碗没有豆腐的酿豆腐,其秘密和美味被一起储存进我的脑袋里。

后来我去到广东梅州,终于在老城小巷中的一家猪杂汤粉店解开了Yentafo的秘密——客家人重视教育,猪杂汤都美称为"三及第"和"五及第"。这家小店的五及第汤非常讲究,汤中的红色

右图:海鲜粿条汤
Yentafo

调料给丰盛的配料增加了特殊的香味,那种香味让我感到似曾相识。我问老板娘,这红色的调料怎么这么好吃?她非常高兴地向我解释,因为这是用米发酵制成的红糟。

这时,五及第汤里的红糟和那碗Yentafo汤中的红色调味料,突然被一条看不见的线连在了一起。这条线勾画出万千客家人走向世界的水路航线图,它顺着梅江到松口和三河,入韩江、过潮汕、出海下南洋。红糟被客家移民带到了千里之外的曼谷,它失去了原名,却被冠上了被发明时就烙印上深深乡愁的名字:Yentafo。

Christine Hu

国外旅居8年,大自然的亲密接触者,深信山和大海才是精神故乡,目前是一名居住在美国夏威夷大岛的咖农和寻豆师,PADI(国际专业潜水教练协会)IDC(教练发展课程)参谋教练、AIDA(国际自由潜水发展协会)教练、自由潜国际比赛裁判。

异国旅居 8年:从岛民到山民

右图:在塞班岛潜水

一砖一瓦建起
潜水学校

在塞班岛，我第一次背着水肺气瓶下海，然后就一发不可收拾地爱上了潜水这项运动。

进入沉谧的海底，世界瞬时安静下来，时间也仿佛静止了一样。周围只有自在悠闲的鱼儿，互不打扰。

再也听不到那些喧嚣，有的只是自己的呼吸和心跳声。此情此景，让我开始纳闷自己平日里为何会浪费那么多时间去纠结那些鸡毛蒜皮的事，去为压力买单、被卷入纷争、去做自己不愿意做的事情……在这里，我才真正理解电影《碧海蓝天》中，最后卸掉所有装备、向海洋深处游去的男主角—他说："每次在海底都要努力找一个理由才能让自己上岸。"那一刻，我愿意将一切停止在这里。于是我毅然离开了在北京奋斗多年的媒体岗位，跑到海岛，一路"升级打怪"考教练执照，跟合伙人开了一间潜水学校，干起了和过去20多年生活完全不搭的事。

之前我在朋友眼里是每天锦衣华服，出门住高级酒店，接触的都是名人政要的形象。现在的我晒得像个黑猴子，每天扛着几十斤重的气瓶，身上经常被情绪紧张的学生掐得青一块紫一块，生理期也要照常下海。所以朋友和家里人当时都觉得不太理解，日子过得好好的为什么要这么"自虐"。

虽然我是一个生在内陆的孩子，但是通过日复一日的练习，从水肺潜水进阶到自由潜水，也逐渐可以不依靠任何厚重的装备，一口气潜入三四十米深的海里。自由潜水就像一场和心灵的对话，除了控制自己的身体肌肉，还要学会控制自己的思想，克服恐惧。这种对于身体极限的开发所带来的愉悦，比组织一场大型公关活动的成就感还要大。

上图：在B-29战斗机潜水点进行潜水教学　　左下图：泰国斯米兰船宿　　右下图：在斯米兰潜水遇到鲸鲨

适合潜水的地方自然环境都很美，相对应的，发达程度通常也不太高，一切需要自己动手，运用生存技能去和大自然接触——东西坏了自己修，生火烤肉，开船拖船，有时潜水结束上岸后，直接摘了岸边树上的椰子，学着当地人在尖锐的石头上使劲一磕，喝一口最新鲜的椰汁。塞班岛潜水学校刚开始建立的时候，砍树、装灯，都是我们自己动手，我刷了两个多礼拜的油漆，真的是一砖一瓦垒起来的心血结晶。从网站，到宣传、财务也都是自己处理，白天下海，晚上做文案工作。那个时候经常回想起从事媒体工作的日子，感激之前那个敬业的老板，让我学会了很多。就是在那么一个瞬间，发现多年练就的十八般武艺，即使换了一个战场，也通通都会派上用场。

台风过境后的"荒岛求生"

2015年8月，超强台风苏迪罗登陆塞班，造成808间房屋受损，384栋房屋被摧毁。不仅如此，多达150多根电线杆以及一些发电站、码头也不同程度受损，这次台风被定义为"灾难"级。

我们所在的小潜店，经历过一整晚的狂风骤雨后，虽无特别严重的损害，但也是满目疮痍。玻璃窗被拍裂，院子里满是不知道从哪里飞过来的铁皮房顶和钉子，墙上糊满了树枝和树叶。暂时停业是肯定的，带着学生整理院子变成第一要务。由于很多电线杆被完全吹倒，接下来3个月只能断水断电。对我们这些习惯了空调、热水和网络的现代人来说，这局面几乎无法想象。

在岛上，只有个别社区有自己的大型发电机，可以提供少量淡水,于是我们就带着大桶小瓶去朋友家接水回来。严格配额、限制使用,一盆水先刷牙,再洗衣服,最后还得留着冲马桶。好在家对面就是大海,实在忍不了需要洗澡的时候,大家就一起带着肥皂去海边把头发和身体打好泡泡,在海水里冲干净,然后回家用一点点淡水把海水冲掉。没有电的晚上,点起蜡烛聊天就成了我们唯一的娱乐。

在大灾面前,岛民们展示出坚韧和善良的一面。台风过境的第二天,各种倒在马路上的大树已被移开,清理出一条车道供双向轮流使用。除了公共服务机构,很多家里受灾不严重的居民也会自发清理公共设施。由于汽油储备受损,只有少数几个加油站定点营业,每车只能加20美元的燃油。于是等着加油的队伍排出了好几公里——即便如此,也看不到一辆车插队。水厂暂停送水服务,要自己去买饮用水。车子刚一停下,就有无数人冲过来帮你拿桶扛水,我们要做的只是按指挥移动车辆,以保证效率。家里有发电机的朋友们把自家冰箱的食物拿出来一起开派对。小小的海岛,实实在在给了我意外的信心和力量。

如此坚持了3个月,我才发现,生活并没有受到想象中那么严重的影响。少数不便之处就是与学生沟通和文案工作。我们习惯于依赖城市里温室般的环境,在享受科技和社会发达带来便利的同时,认为自己无所不能,很难想象当那些习以为常的资源一旦短缺,生活会变成什么样。其实人类的行为和自然的力量比起来,根本微不足道。那些你平日习惯坚持的"矫情",也并非无法克服。在全岛彻底恢复后,节约用水、垃圾分类都变成了我们习惯的日常。还多了一句口头禅:"放下手机,和你对面的朋友聊聊。"

幕后故事

　　台风导致塞班岛通讯中断，网络、固定电话、手机全部无法使用。飞机起飞无法通知，出入境记录要靠手动查询，手写登机牌，商店、酒店的刷卡系统全部崩溃，只能用现金支付。突如其来的失联，导致家人和潜水店客人都不知道我们发生了什么。当天还有正在飞机上、马上要来住店的学生。他们的家人把人送上飞机后就再没收到音信，十分着急。很多学生我们只有微信联络方式，他们不会以为我们携款私逃吧？于是，我们把唯一的希望寄托在这一晚回国的游客身上，亲笔写了一封信，委托旅行社的朋友交给当天回国的、完全不认识的游客，千叮咛万嘱咐，一定落地后立刻联系我们的国内大本营，把塞班失联的消息传出去。那一刻，我找回了久违的靠书信沟通的年代感。

左图：台风过后塞班岛重回平静

寻找最美咖啡种植产地

2018年,一个偶然的机会,咖啡重度爱好者(就是我)得知有朋友在美国夏威夷经营的咖啡园需要合作。又有山,又靠海,夫复何求?正好那时塞班岛的潜水学校已步入正轨。于是,我这颗好奇的心又躁动起来。用一个多月时间做好了工作交接,我便整理行囊,踏上新征程。

提起夏威夷,大多数人脑海里浮现的是阳光、沙滩、跳草裙舞的美女,以及清新悠扬的尤克里里。开始在当地生活后我才知道,之前对这里的认知太匮乏了。夏威夷更为珍贵的资源是火山。独特的火山土壤、充足的光照、特殊的气候环境得以产出顶级的精品阿拉比卡咖啡豆,也让夏威夷成为唯一一个属于发达国家的咖啡产地。

在早期,咖啡界有"蓝山(位于牙买加)为王,科纳(位于夏威夷大岛)为后"的说法。夏威夷约九成的咖啡豆在出产时被当地人抢购一空,只有一成左右的咖啡产品流通至世界各地,其中大部分还销往美国本土。所以想在美国以外品尝到正宗的夏威夷咖啡,可谓一杯难求。夏威夷州主要由夏威夷群岛的8座有人居住的岛屿组成,其中5座岛上都有若干不同的咖啡产区。即使在同一座岛上,不同产区的咖啡风味也大相径庭。比如大岛科纳地区和卡雾地区的铁皮卡品种咖啡,近年来最受咖啡迷的喜爱。

于是在日常经营的同时,我有了一个大胆的想法:寻找夏威夷最美的咖啡种植区,开发一片新的咖啡田。那里一定有山,或许还可以看到海,有最适宜的土壤、海拔和降水,种着最好的咖啡品种。带着这个计划,我开始仔细

左图:咖啡农正在分理新育的咖啡苗　右图:采摘咖啡红果

考察，参阅大量文献，和夏威夷大学的农业学者咨询讨论。与此同时，我还四处奔走，开始用脚步丈量这片神奇的土地。

夏威夷岛东北部有一座海拔4197米的冒纳凯亚（Mauna Kea）火山，从海平面开车到山顶仅需1.5小时，能在短时间内带你穿越酷热的海边黑海滩和高海拔的严寒。

冒纳凯亚山顶被公认为"世界最佳天文台台址"之一。近年来，是否要在山顶新建一个30米天文望远镜（TMT）成为夏威夷原住民和科研机构、当地政府争议的源头。据称建成后，这台世界上最大的光学望远镜，可看到离地球130亿光年的地方。

但在当地人的信仰里，冒纳凯亚是创造生命的地方。山顶是他们的雪神波利阿胡（Poliahu）的家，神圣不可侵犯。另一方面，山顶区域也是一种独特的昆虫Wēkiu bug的居所，它们依赖上升气流来繁育后代。因此从2019年7月开始，原住民们自发行动起来，封锁了通往山顶的唯一公路，并在周围安营扎寨，在没有水也没有电的情况下一住就是几个月。其中一位成员说："我知道天文学家热爱他们的科学，我们不是反对天文学，而是反对在我们神圣的山上建造一栋太大的建筑物。这会让我们感到迷失。"

后来双方终于达成了暂时的"休战协议"，但现代科学和古老信仰之间的冲突，或许还将继续下去。

住在火山，
与野猪做邻居

全世界最大的火山冒纳罗亚（Mauna Loa），位于夏威夷大岛中央偏南。全世界13种气候，大岛上就占了11种。火山附近夜晚气温骤降，中午气温升高，昼夜温差很大，干湿季分明，降雨随着咖啡豆的成熟增加，而到了采收季节又逐渐减少。

我就住在火山旁，海拔1000米以上。

住在山里的感觉很特别。高海拔赋予这里更优质的空气和更好的观星视角，夜晚四周漆黑一片，漫天芝麻大饼一样的星星反而成了唯一的照明，除此之外只能看见距离很远的邻居家的灯光。比起害怕，更多的是享受纯粹的自然。刚来的时候，每晚被一种"虫子"的叫声吵得睡不着。它们到了傍晚就开始发出"等灯、等灯"的声音，持续一整夜。后来才知道，这其实来自一种叫"Coquí Frog"的蛙类，它们体形很小，身长只有2.5厘米左右。慢慢习惯以后，我开始觉得很美妙，因为这是属于大自然的音乐。

距我直线距离2公里的地方，就是著名的夏威夷火山国家公园，园内有基拉韦厄和冒纳罗亚两座火山。穿过高海拔的迷蒙烟雨，基拉韦厄火山在面前揭开神秘的面纱。这是全世界最年轻、最活跃的活火山体。最大的火山口直径有4000多米，深150米，海拔1280米。2018年的大爆发新增了很多火山口，导致道路被毁，附近房屋被熔岩吞没。火山活跃时，乘坐直升机可以观测岩浆入海，夜晚用肉眼就能看到红色的流动熔岩。

这里是我最喜欢的锻炼基地，也是徒步爱好者的天堂，提供从1公里到60公里往返的多种选择——有平路，也有上山或下山的线路，可以满足各种需求。每一处的景致都不同，值得细心体会。全球疫情爆发后，夏威夷游客量巨减，但国家公园仍向当地居民

右上图：海拔4197米的冒纳凯亚火山山顶

右下图：在火山顶看日落的人群

开放。我几乎每次去都能享受"VIP包场"待遇。

除了美好的自然环境,住在火山旁也有一些看似"危险"的时刻。比如,"三天一小震,五天一大震"的地震,以及经常会在院子外溜达路过的野猪,它们会在我辛苦维护的草地上拱出一道道深深的沟壑,因此经常需要用工具将沟壑重新填平。

很多朋友问我,一个人在那儿,不害怕、不无聊吗?这个问题我从来都不担心。除了要学习各种农业理论知识,我还经常去咖啡园,自己家也有干不完的农活儿。我种了很多蔬菜、木瓜和蒜苗,想吃回锅肉的时候,直接摘一把蒜苗,吃新鲜的。最近我还迷上了尤克里里,为此去拜访了夏威夷著名的演奏家Uke大叔,而自己只要有闲暇时间就抓紧练习。当然我也会去火山附近拍些弹奏视频,就像打开了一扇新世界的大门。

与海豚同游，偶遇座头鲸

夏威夷的另一个恩赐，是可以观察丰富的海洋生物。凌晨5点，我们乘船从大岛西部的凯卢阿湾出发，一路向南行驶，这里是观察海豚的最佳区域。海豚们在深海捕猎后，会回到浅滩玩耍和休息，这就是我们可以与它们同游的机会。

一口气潜入海中，身边是来回与你嬉戏的自然界精灵，还会"吱吱吱"地发出愉快的歌声。如果你幸运的话，好奇的海豚说不定会游到身边蹭你一下。更惊喜的是，回程时，我们还意外遇到了座头鲸。

座头鲸也叫驼背鲸，每年12月从阿拉斯加一路游到夏威夷孕育生子。在这里，母鲸将教幼鲸深潜技巧，次年5月开始再回到阿拉斯加觅食，每年循环往复，因此夏威夷也是绝佳的观鲸地点。我们附近的这只座头鲸，一会儿翻肚皮，一会儿把脑袋伸出水面，周围还有一群海豚围着跳跃，像欢呼一样。船长说，这很可能是鲸鱼正在生产！多难得一见的场景，面对这种庞然大物之时，原来真的会感动流泪，更别提它正在为你表演"鲸生大事"。

值得一提的是，座头鲸是活跃度较高的鲸鱼，为了保护他们不受伤害，船只能停在2~3英里以外的地方，更不允许人跳下海。在与野生海豚同游的时候，也绝不能追逐海豚，不要伸手去摸它们。或许这就是当地人和动物共生的智慧——把自己当成海里的一条小鱼，短暂地和它们共享这片空间就很知足。

在接触潜水前，我对海洋的了解很少。学习过程中，不管是课本还是教练，都会不停地叮嘱所有学生保护环境。当你亲眼在海洋中看到鱼儿自由游弋，珊瑚五彩斑斓，海龟在啃海藻，巨大的鲸鲨从你身边轻轻游过……你一定不会愿意再在鱼缸中看见它们的身影了。

左图：座头鲸跃出水面

朋友就像
沙滩上的贝壳，
一路走，
一路收集

Friends
are like
seashells,
we collect
along the
way.

旅

刚出国时，在花花世界待久了的那种优越感总会不自觉流露出来。接触各式各样的人以后，那些带刺的性格慢慢收敛了。阅历越少，越自以为无所不能；了解的东西多了，反而觉得自己实在有太多不足。保持对世界的好奇并坚持自己的追求，幸福感也会不由自主地提高。

居国外8年，最大的收获大概是这一路认识的好朋友。我们的学生有明星、国家击剑队的青年选手，有律师、医生等来自各行各业的普通人，有一起出行的母女、即将结婚的情侣、同窗好友……有些是过客，但也有很多再度回来，变成生活中互相帮助、无话不谈的好友。我帮人策划过很多次海底求婚、水下生日祝福，也见证了很多对因旅行结识的朋友，相恋、结婚、生子，几年后带着孩子又回到你面前。那种感觉，就好像你也参与了别人的人生。

因为疫情，2020年回夏威夷需要居家隔离，邻居得知我不能出门，第一时间从自己家给我带来一大堆救援物资，水果、蔬菜、牛奶、鸡蛋等应有尽有。岛民之间的交流特别简单淳朴，对于身处异国他乡的我来说真的十分感动。想起那句话："Friends are like seashells, we collect along the way."（朋友就像沙滩上的贝壳，我们一路走，一路收集。）

此刻，我看着大朵的白云在绿色绵延的山顶留下倒影，嘴角不由自主地上扬。拥有发现快乐的眼睛，不要丧失为自己和他人制造快乐的能力，可能是我接下来将一直修炼的课题。

对女性旅行者来说，独自旅行是一个需要深思熟虑的决定，但现在已有越来越多的女性开始尝试这种旅行方式。从20多岁到60多岁，不同年龄段的女性在旅行时想法各不相同，选择也很多样。不妨让我们来了解以下五位享受独自旅行的女性分享的精彩故事和旅行心得，看看她们在路上有着怎样新奇的体验，如何看待独自旅行的优劣，又对独自旅行的女性有何建议。

独自旅行：从20岁到60岁

20岁+
的女性

Aiting来自北京，是一名旅游杂志的新媒体编辑，她曾在两次海外求学期间前往10个国家独自旅行。"旅行的机会有时是转瞬即逝的，而独自出发给予了我果断把握时机的可能。比起不断寻找旅伴并在彼此磨合上花费大量时间，能够顺利出发前往我向往已久的地方才是最重要的。

我第一次独自旅行是去伊斯坦布尔。当时我从俄罗斯圣彼得堡怀着忐忑的心情坐上了一趟陌生的航班，辗转抵达当地的青旅后，发现新的焦虑才刚刚开始—陌生的环境让我感到不安。然而当我推开房门，一位印度姑娘友善地问候了我，并生动地向我描绘了未来的旅程有多么值得期待。她的一番话让人备感温暖，也让当时有些紧张的我逐渐放松下来。

出于安全考虑，旅行时我一般会选择大城市作为落脚点，并在旅行期间维持规律的作息，也尽量不远离市区。因此在独自旅行时，我不得不放弃许多精彩的活动，比如体验阿姆斯特丹的夜生活或是前往格鲁吉亚的山区。而且学生时代的旅行难免会囊中羞涩，为了维持低预算，独自旅行时我总会选择青旅的多人间入住，虽然有时会觉得并不太舒服，但遇到各种有趣或奇怪的人，也

左图：伊斯坦布尔热闹的街头　　右图：伊斯坦布尔的大巴扎

不失为一种独特体验。总的来说，20多岁的独自旅行是在各种限制条件下实现的，我必须要忍受或舍弃一些东西，但比起收获的风景和经验，这些缺点不足为惧。

当然了，不愉快的经历也不是没有。我在莫斯科旅行期间，曾在一天内去了两座金环小镇，返回时天已黑透，并且还下起了大雨。疲惫不堪的我就快要走到住处，却迎面被一个醉汉挡住了去路。那一刻我又急又怕，但还是告诉自己要冷静下来，好在最后我通过假装不理解对方意思、装聋作哑躲过了一劫。独自旅行的女性或许很难完全规避风险，因此在任何情况下保持头脑清醒都是至关重要的，学会随机应变往往能帮助我们化险为夷。

对于那些犹豫是否要独自出发的同龄女性，我的建议是"把握机会"。20多岁时的旅行经历可谓独一无二，此时的我们虽缺乏足够的社会阅历，但相应的，是对未知的世界仍然抱有最原始的好奇心，而旅行是快速填补我们认知空白的最好方式之一。如今有不少软件可以帮助预订青旅、规划行程，你还可以在上面找到许多志同道合的人，不过记得擦亮眼睛、仔细筛选。尽你的努力说服家人认同你的远行，在旅途中记得每天让家人了解你的动向。做到以上这几点后再出发，你会发现此前的一切担心都会烟消云散。

上图：雅罗斯拉夫尔的先知伊利亚·普罗洛克教堂

下图：金环小镇谢尔盖耶夫

30岁+
的女性

季野来自北京,在旅行图书出版行业摸爬滚打超过2500个日夜,走过大江南北,游过南北半球。跟团、结伴、呼朋唤友——她不排斥任何旅行方式,但更偏爱独自在路上的自由与沉淀。"当我独自一人完成一趟离开又归来的行程后,再次捡起熟悉的日子,都像带着层滤镜,可能不够美,但自我感觉挺酷。"

"一线城市""旅行编辑",把这两个title放在一起,总有些让人误解的魔力,比如:"我很有钱"并且"总在旅行"——开个玩笑,不要紧张。虽然我并没有通过编辑这份工作腰缠万贯,也无法用旅行这个兴趣养活自己,但努力"搬砖"获得的报酬足以满足我一小部分生活欲望,独自旅行就是其中之一。

总有人好奇一个女生开始独自旅行的契机是什么,在我这里,答案简单又俗气:找不到人和我一起。

记得第一次独自旅行时,我正在中部的一所大学就读,普普通通的大四女生,没什么闲钱,也没什么一定要做点与众不同的事的信念,但在那个没什么必修课的秋天,莫名有个念头在脑子里扎了根:红叶正好,我得去香山看看。对,就是北京西郊那座海拔不足千米的小山,至于为什么是香山?因为它有名啊——看吧,果然没什么追求吧?在那个智能手机地图导航还没有普及的年代,经我粗略测算,如果五星是满分,这趟旅行的难度和成本都只有一星:往返直达列车可以省去两晚的住宿费,北京的火车站有前往香山的直达公交,香山门票只要十几块钱,山上吃喝靠零食就能搞定。没想到,当我胸有成竹,拿着这份一天两晚的"香山红叶红满天"旅行计划对好友挨个儿游说时,居然处处碰壁:"要复习考研""得准备GRE""必须再刷一遍托福分""不感兴趣""男朋友

左图:香山碧云寺秋色

不想去"……面对五花八门的拒绝理由,我这个毫无理由的人更加无法拒绝这趟行程,于是,我的第一次独自旅行开始了。

不必顾及同伴的喜好和感受——因为没有……

任何事都亲力亲为,找路、认路、沟通能力直线上升——让缺乏自信的我在成功找到厕所时都能发出"我又行了"的感慨。

周围都是陌生人反而更无拘束——出糗也没人能认出我。

旅途中学会主动和陌生人聊上几句——毕竟也没熟人让我保持语言能力。

"第一次"的魅力跟初恋一样,就算乏善可陈,依旧印象深刻,更妙的是,一旦体会到独自旅行的妙处,便不想再停下来——也没有什么恋爱的必要了(不是)。

年龄增长,阅历增加,我依然喜欢一个人踏上旅途,要说与二十多岁时最大的不同,大概要数可支配收入更多,走的地方更远了。

左图:香港九龙的夜晚　　右图:独享美食

　　一个人旅行时，往往会更留意周围的环境与人，放大善意，发现美妙。还记得香港旅程的最后一天晚上，在茶餐厅付款后准备走人时，老板娘叫住我，拿起一枚硬币，让我看有什么不同。我虽然有些错愕，但又觉得香港人挺有趣，竟然也喜欢找游客谈天说地，随即我的这份轻松就在发现她手上那枚硬币不是港币时转为尴尬——那是澳门元，大概率是前几日去澳门时找零留下的。更尴尬的是，翻遍口袋，也摸不出多余的港币来了。还没等我用蹩脚的粤语向老板娘表达歉意，一位大叔用完餐腆着肚子来到柜台结账，同时摸出一枚硬币扣在柜台上，对老板娘说了句我没听懂的粤语，又指了指我。我连忙想告诉大叔，我有钱，只是在银行，无奈大脑短路，当下普通话、粤语、英语哪个都没讲出来，也许意会了我这位内地游客的窘况，大叔笑着摆摆手，侧身走出茶餐厅，我只来得及对着他的背影小声说了句"谢谢"。衷心希望他能听懂普通话。谁说香港人冷漠？他们明明热情得不像话。

对于独自旅行这件事,同龄人总是表达羡慕与支持,长辈则往往提出疑惑和担忧。最好的方式不是瞒着长辈,而是让他们建立起对你独自出行的信心。要相信一点,只要你安全顺利地回来了一次又一次,他们就算依然无奈,但对你的信任也会逐次增加。所以安全,始终是独自出游的重中之重。

我习惯在出行前对目的地当地人的日常生活稍作了解,所以在夜幕降临的悉尼,我会优先选择在人流量较大、店铺营业时间较晚、市政照明设施密集的市中心区域活动,毕竟那时这座南半球国际化大都市的住宅区街头大概率黑灯瞎火,空无一人。同时,要对自己的身体素质保持清醒的认识,在确保安全的前提下进行所有活动,并且尽量为可能发生的意外做出应急预案。简单说来,就是爬力所能及的山,体力不支就果断选择缆车上下——作为30+、拿薪水的社会人,依据经济实力,让自己在旅程中感受舒适,便可以将注意力更多地放在旅途上,而不是花费在应付"不适感"。接下来,你需要做的,就是放下包袱,背上行囊,只要你出发得够频繁,长辈们早晚也会习以为常,也许下次再聊起独自旅行计划时,他们的话风就会转为让你带些土特产了。

最重要的是,当我独自一人完成一趟离开又归来的行程后,再次捡起熟悉的日子,都像带着层滤镜,夹杂着旅行中的见闻、对异地的独特感观和对自己潜力的挖掘与肯定,重拾久违的热情和冲动,可能不够美,但自我感觉挺酷。这就够了。

右图:再次回到悉尼

左图: 新藏线上的江山

右图: 新藏线界山达坂

40岁+
的女性

何望若来自江苏无锡,作为一名自由职业者,她为Lonely Planet 撰写过多本旅行指南。她差不多30岁才开始独自旅行,在此之前的出游基本都是采用职场人忙里偷闲的度假式旅行,且多是和朋友结伴出行。"结伴出游时很难做到全身心地投入旅行这件事。而一个人出行会更专注旅行本身,会更多地关注当地的人文,也会更愿意主动与当地人交流,换句话说就是更能敞开心扉,去融入当地人的圈子。另一方面,当地人也会更愿意向独自旅行者展示不为人知的一面,也更乐意、更主动地与独自旅行者聊天。"

第一次独自旅行时,我并没有孤独感,反而因为可以接触到更多的人文风俗而更加满足,这种与结伴旅行的差异是最吸引我的地方,所以从此往后我都是一个人上路。我最长的一次独自旅行是在2012年,当时旅行了10个月。受杰克·凯鲁亚克《在路上》的影响,我在西藏时尝试过徒步搭车的方式。比较有意思的是,我常在远远看到百米开外的车时就伸出大拇指,但因为近视,往往车开到了面前,我才看清车的样子,所以我经常拦下意料之外的车,比如警车,但他们往往很乐意送我一程;我还搭过一辆塞满家禽的小金杯,手里抱着一只鸭,和鸡鸭挤了一路;我也搭过正在搬家的车,车上装满了家具,因为空间有限,女主人只能坐在我的腿上。

要不是搭车，我想我可能没机会接触卡车司机这一职业。当时在新藏线上搭了辆重卡，司机已经在这条路上开了4年。一般来说，看过无数遍的风景很难在内心掀起波澜，令我意外的是，他和我一样享受旅途，还用他像素很低的手机拍了很多照片和视频。我和他聊完后得知，他去过的国家比我还多。在那之前我从未想过一名卡车司机会如此热爱和享受生活。虽然我已经好多年不搭车了，但时常会怀念那些淳朴的旅途和当地人。

独自旅行有更大的机会收获路途中的善意和帮助，旅途也充满了未知的乐趣。这样的旅行为我打开了一扇窗，让我突破了固有生活圈的限制，我得以走入世界的各个角落，认识各色各样的人，了解各种各样的生活。

但女性独自旅行时，一定要有自我保护意识。如果不想遇到坏人，首先你不能让坏人有机可乘。在路上尽量言行低调、衣着简朴，比如不要显摆自己酒量好或是当众吸烟，在有些地区，你的一些举动有可能会引起他人的误会，甚至让人想入非非。对于一些安全程度比较低的地方，出发前仔细了解当地的风土人情和社会治安问题很有必要。

相较于刚开始独自旅行的自己，处于现在这个年龄段的我，除了将大部分精力花在深入探索当地文化上，我也会更关注吃和住——找一家有当地特色的民宿或酒店入住，遍尝本地美食，这是我目前体验式旅行的一部分。

我想告诉每一位正在考虑是否开始独自旅行的同龄女性："不用想太多，去尝试一次。"不是所有人都适合独自旅行，旅行也不止一种模式。但喜不喜欢、适不适合都得靠自己在旅途中寻找答案。

50岁+
的女性

香香是个民宿老板,现居山东。这个地道的北京大姐,从小就有个骑着摩托车去西藏旅行的梦想。摩托车这种"肉包铁"的旅行工具,速度与激情倒是兼具,但由此带来的风险自然招致全家人的反对。于是她把精力转嫁到了别处:徒步、登山、骑行、自驾,甚至玩起了滑翔伞和铁人三项,并终于在50岁时骑上摩托车,从泰山脚下一路独行前往西藏和新疆,往返共32天。

"我还是喜欢独自旅行,不受约束,不用考虑别人的感受,随时可以决定是走是停。旅途中麻烦总是有的,不过最终总会顺利解决。在食宿方面,我选择吃好住好,不是因为年龄,而是为了后面更好地旅行——在经济条件许可的条件下,在自己的预算内,尽量让自己舒服。"

秉持着专业的"贪玩"

精神，我放弃了外科医生这个光鲜的职业。身边的朋友纷纷表示不理解，不过我坚信，有限的人生里，当然要做自己喜欢的事。辞职后我开始四处旅行，最远一次自驾游从北京开到了老挝、泰国。独自旅行的体验也是从自驾开始的，说到安全问题，我好像从来没有害怕过，家里人也没有反对，也许是因为我从小就比较独立吧。

十年前，因为一个偶然的机会，我开始接触滑翔伞这项运动，只观摩了一次，就被在空中御风飞翔、俯瞰大地的自由感所吸引，于是果断开始了滑翔伞专业运动的学习。之后我又被伞友怂恿，开始了铁人三项运动。可能不少人会觉得，40多岁起步玩这个是不是有点晚，但我从来不是多想的人，想做就直接行动。从2016年开始，我在标铁半程、标铁等国际赛事上慢慢磨炼，逐渐成熟，终于在2019年47周岁之时，完成了爱沙尼亚226公里大铁的赛程，成了一位名副其实的铁人（ironman）。

左图：滑翔伞飞行，翱翔蓝天

右图：参加铁人三项比赛，进行到第三项跑步阶段

借助在世界各地参赛的机会，我开始爱上了边运动、边旅游的生活方式。大部分时间是跟朋友们一起，有时我也会自己开车独行，一路自由自在地享受沿途的风景和风土人情，足迹从青海湖、胶东半岛远至南非约翰内斯堡，不过小时候骑摩托车去西藏旅行的梦想从未淡忘过。2018年我独自坐火车进藏，背包在西藏玩了近半个月后升起一种感觉：梦想似乎是可以实现的。

疫情肆虐全球后，为了减少了与人接触的风险，我购置了第一驾属于自己的小摩托，在周边走到哪儿玩到哪儿。随着旅游阅历的丰富，我一个人到哪儿都很少发愁，出现意外情况也能从容应对，摩托车驾驶技术也越发精湛。于是在2022年5月，我骑上心爱的小摩托，从泰山脚下出发，开始单人单车前往西藏和新疆。

考虑到我如今已是一个年过半百的女骑士，出发前我想：如果能完成一半的行程，顺利抵达拉萨，走完美丽的318国道就算胜利吧，毕竟一路上要克服大风大雪的恶劣天气，翻越数座海拔四五千米以上的高山，泥泞的非铺装路面也十分考验我的摩托车驾驶技术。没想到最后我真的走完了全程。

前四天的旅程是长途摩旅的适应阶段，每天我都在国道上骑行500公里，终于穿行3个省份来到四川雅安，进入了318国道。虽然一开始的旅程还算简单，不过我需要适应单一骑姿带来的肌肉酸痛，还得忍受高温日晒的折磨。进入四川地界后，大部分时间我都行驶在山路中，一会儿阴天下雨，一会儿晴空万里。好在我的摩旅计划极其自由，只要把握了大方向，想走就走，想停就停，专注于沿途的风景，用心欣赏意外遇见的美景。一路上出于安全考虑，我几乎每天都在天黑前入住酒店，绝不赶

左图：摩旅西藏，318国道怒江大桥前　右图：摩旅新藏线，骑行到阿里地区噶尔县，海拔 5629 米处

夜路。

　　西藏和新疆的交界处是全程最辛苦、最惊险的路段，特别是穿越阿里无人区的时候，既要翻越高山，又赶上下雨，高海拔的地方都是雪，海拔低的地方又下起了小冰碴，道路湿滑泥泞不说，小冰碴落在头盔上，就变成薄薄的一层冰覆盖在镜片上。此时我的视野变得一片模糊，什么也看不清，只能单手控制油门刹车，另一手不停地擦头盔镜片，俨然像一个手动雨刮器。

　　在新疆的沙漠戈壁骑行的时候，是我最享受独自旅行的时刻。每天骑行800公里左右，经常100公里都遇见不到一个人，不过此时竟然一点也不觉得孤独，我的想象空间被彻底打开，好像当下的世界只属于我一个人，这种纯粹的寂寥让人沉醉其中。

　　不过即使是独自旅行，也需要依靠他人的善意和帮助。虽然西藏和新疆都是人烟稀少的地方，但在旅游旺季，时不时地总会遇到自驾出行的游客和摩友。我这样的单身女性，无论是在边防检查站还是在途中，都会得到特别关照。偶尔出现倒车时，两百多公斤重的车再加上行李，我一个人是绝对没办法扶起来的，但不用特意招呼就会有路过的热心人主动停下，帮我把车扶起来。沿途的嘘寒问暖就更多了，就连有时在路边停下来休息，都会有路过的人过来问我是不是需要帮助。所以独自旅行，远没有想象的那般困难。对很多人而言，她们就差在没有出发，一旦出发，会发现所有的问题就都不是问题了。

右图：新疆戈壁上的车轮轨迹

60岁+
的女性

老陈是一位来自北京的自由撰稿人，为多家旅游媒体供稿。她曾在瑞士求学，后前往加拿大深造并在此生活了二十多年，如今又回到瑞士定居。"我是那种自己想干什么就会去干的性格。第一次独自旅行是在瑞士上学的时候，当时身上没多少钱，就那么走马观花地玩了十几个欧洲国家。"

独自旅行时当然有不少印象深刻的经历。在周游欧洲的途中就发生过一件有意思的事儿。我在米兰的时候，有一晚因变故没有订上住宿，便准备在米兰火车站大厅凑合一晚，无意中看到了一辆停放着的空列车还没关门。那时年纪小，觉得好奇，没想那么多，便偷偷钻进车厢里过了一夜。

后来我在加拿大生活时——那时已经60岁了——有一次在网上看到几张五大湖的图片，景色特别美。我当即就被吸引了，立马去查资料，发现那里很偏远，唯一能到达的交通工具是皮艇。但我不会划皮艇，便跑去蒙特利尔的公园里上了两小时的课，然后自驾了700多公里，在那边租了一艘皮艇，就独自下了水。自己一个人的时候，我可以完全融入大自然，可以全心全意地和大自然交流，不被旁人打扰，也没法和旁人分享。

我很享受独自旅行。随着年龄的增长，我仍旧对豪华、奢侈的享受不感兴趣，但旅行方式也确实发生了很多变化。相比年轻时只是为了睡一觉而常住青旅，如今出游我更愿意选择入住当地的寄宿家庭，了解当地人的生活方式和家庭氛围。在目的地的选择上，因为年轻时已走遍了不少大城市，见惯了城市风光，所以现在更多的是前往冷门地点。我很喜欢大自然，越偏远、越没人知道的地区反而更吸引我。

而且热门美景已经被很多人拍过了，看多了总是会审美疲劳，

上图：休伦湖上的灯塔　　下图：瑞士的田园风光

左图：划皮划艇的人　右图：苏必利尔湖上的海洞

因此我更想亲眼看看那些别人没有拍过的景色。关于交通方式，年轻时对公共交通的依赖会更多一些，但现在我觉得自驾是最自由的，距离较近的地方我也会骑自行车，随时停车，更加灵活，我不用顾及他人。

旅行的安全永远是第一位。年轻时有点初生牛犊不怕虎，没有经历过太多事，所以很多时候不会考虑太多。但随着社会阅历的增加，看过了越来越多的人，我对危险有了更加深刻的认知。因此那些安全性不高的地方——即便我很想体验新奇和冒险——我也坚决不会去。

对于像我这样想去独自旅行的同龄人，我想说：年龄根本不值一提。你只需思考你想干什么，你能干什么，忽视自己的年龄，在身体健康允许的范围内去做任何你想尝试的事情，千万不要用条条框框束缚自己。

女孩子的旅行

我在杭州拜访了三位建筑师的作品，从王澍的象山校园，到隈研吾的民艺馆，再到安藤忠雄的大屋顶，他们分别用不同的语言——回归、消隐、突出——解释了建筑与自然关系的三种可能，也让我感受到，二者之间并非只存在此消彼长的对抗。

文 李昱臻

在杭州，寻找建筑的三种诗意

左图：美院一角，校园内随处可见这种极具"构成感"的建筑细节

【建筑】

象山篇·上

3 14路公交车带着我晃晃悠悠地离开杭州市区，车窗外的景象越来越开阔，阳光毫无遮挡地渗入车窗，1个小时的公交车坐得人汗流浃背。我在中国美术学院象山校区的公交站下了车，谁料云不知从何处突然聚了起来，天空一下子暗了好几度。

我沿着一条与河水平行的柏油路走进校园。小河不宽，水面很低，方块石头垒起的驳岸几乎全被植物盖住，不见刻意的雕琢。河的另一边就是逐渐升起的象山。路的左侧是南校区的建筑。这些建筑大多方而不正，像长在地上一样随着地形变化而起承转合，明明是直来直往的线条，却营造出迂回流动之感。灰色或白色的立面上，开着大大小小不规则的方窗。

整个中国美术学院象山校区的规划和设计基本由王澍和他的"业余建筑工作室"完成。这位建筑师自从2012年获得普利兹克奖之后，已经成为国内建筑界的一面大旗，连带着他的几处代表作都成了建筑迷们打卡的胜地。某天我从家里翻出了他的《造房子》，里面用了不少笔墨来写这座得奖十年前开始设计的项目。合上书，我就买了到杭州的机票。

走了200米，道路左边出现了一片湖，原本是农民的鱼塘，王澍把它留下并在湖边复种芦苇，收拾成现在的模样。路的右边有一座小桥通往大名鼎鼎的"水岸山居"，它是校园内的行政、住宿、餐饮综合体，名气大大盖过了校园本身，因为这是王澍在获奖之后完成的作品，但我完全被整座校园的布局和规划迷住了。王澍在他的书中写道："这不是一个设计，这是一个世界的建造。"读到这里时，我心潮澎湃。

其实粗略看来，这个世界建造得毫不走心，建筑的摆放简直堪称随意，但转念

左图：校园内绿意盎然

上图：在校园内穿行　　下图：建筑外回廊起起伏伏

一想，或许这才是天才的布局，当我辗转于建筑群中，直观感受就是所有的建筑都在"将就"——将就地形，将就光线，将就本地材料。

建筑使用了大量竹子、青砖、水杉木，并从浙江各地回收了超过700万块瓦片和砖石，采用了一种叫作瓦爿（pán）的当地传统工艺。早先因为浙东多台风，为了迅速修复坍塌的建筑，工匠们就把碎瓦和砖石砌进建筑里。虽说叫瓦爿，但其实里面的材料各种各样，除了瓦，还有草、泥、木、石、砖、瓷等，而且几乎都是二手材料。这项技术对手艺要求很高，已经濒临失传。这些废弃的旧料在象山完成了建筑生命的循环，同时，这种生态环保的观念传递给师生，又完成了教育的循环。

于是乎，我所见到的建筑质感岂止朴素，简直有些清苦，比如内部通长空荡的走廊、粗糙的墙面和地面，毫无章法的外立面和碎瓦拼成的墙。我还发现有些宿舍楼似乎只能通过天井采光，从居住者的角度来看，这样的环境未必舒服。

王澍自己评价，象山的建筑对使用者是有挑战性的，比如光线，他试图在建筑中营造传统建筑那种具有"沉思性"的昏暗光线。那不习惯这种光线的人怎么办呢？只能适应。

建筑师显然是自负的，他先是野心勃勃地造了一个世界，然后为居住者设定了规则。王澍有一个理论叫作"重返自然之道"，讲的不是个体的建造，而是从传统观念的角度思考中国建筑的进与退。也许象山就是他古典田园式乌托邦的一场试验，不可否认的是，他令使用者在现代生活方式之外拥有了另一种选择，而这种选择或许能让他们的心中长出自然的丘壑。

普利兹克奖

普利兹克奖是目前国际建筑界的最高荣誉。自1979年至今，每一年的获奖者都是如雷贯耳的建筑大师，如已故华裔建筑师贝聿铭，以及文中提到的安藤忠雄和西扎。王澍是首位获此殊荣的中国建筑师，他在2012年获奖时的所有作品均位于本土。他同时也是2020年普利兹克奖的8位评审之一。

象山篇·下

天光越来越暗,大半个校园都浸润在"沉思性"的光线中。我走过小桥,绕过水岸山居,先去拜访象山山腰上的国美民艺馆。民艺馆是十足"王澍"的校园里的一阵清风,轻盈秀丽,兼有日式的谦逊和中式的含蓄,设计者是日本建筑师隈研吾。记忆中除了北京三里屯Village,我还是第一次亲眼见到这位建筑师的作品。

建筑所在地原是一片山坡茶园,设计者因地制宜,以平行四边形为单元,拼接出连续的起伏空间,无论平面或立面均十分具有几何美感。从山下抵达民艺馆有两条路,我选了慢的那一条:从侧面的缓坡上山,绕建筑半圈再到正门,好从不同角度和距离慢慢欣赏它。不过因为建筑的俯视照片流传太广,我之前看到的也大多是这样的图片,所以从地面看完全认不出它来。要我说,屋顶平面再好看,也只是航拍者的乐趣,我相信设计师也会认同,毕竟他本人曾经说过:"不要从上到下俯视建筑,因为人类是不停在大地上行走的动物。"

在隈研吾的理论中,建筑是不能太强势太突出的,所以他弱化其地位,消解其造型,而最终实现"建筑的消隐"。消隐到哪里呢,自然是消隐在环境中。隈研吾一方面偏爱木、竹、石等天然材料,另一方面擅长对建筑外墙进行碎片化处理。在他的建筑中,总会出现一种"粒子",比如切割的石片、细密的竹竿、方格化的玻璃等,这些设计使光能够在建筑内外自由穿梭,建筑的边界得到最大程度的弱化。

据说隈研吾对王澍很是欣赏,而且两人都很有默契地在象山用了大量的瓦。隈研吾曾经表达过对中国瓦的喜爱,认为它轻薄而"无所依靠",几年前在成都的新津·知博物馆,他就让瓦充当了一回"粒

顺道游览

中国国际设计博物馆位于象山校区最南面,永久展览以包豪斯为主题,虽然规模不大,但是逛下来也能有不少收获,常换常新的临展也很有趣味。

建筑是阿尔瓦罗·西扎的作品,他和同时代的诸多建筑师一样深受包豪斯影响,并且也是密斯·凡·德罗"少即是多"的追随者之一。红色混凝土的建筑立面几乎成了这座校园中的拍照背景墙,专门保留下来的一棵老树,更为红墙增色不少。

上图：隈研吾"建筑的消隐"理念尽现于此

下图：水岸山居又名瓦山，瓦片几乎覆盖整个建筑群

子"。这一次，他在民艺馆的外墙使用了数万块当地烧制的瓦片，使它们保持平行于地面的姿态，再用不锈钢索串起来，这样一来瓦片好像悬浮在空中，的确无所依靠了。

馆中展品分布在3个楼层内。说是楼层，其实彼此之间几乎没有楼梯，而是用了坡道来连接，展馆内部就是一个偌大的整体空间。上到2楼时，发现外面突然下起雨来，透过巨大的玻璃窗，正好能看见错落的屋顶和粒子化的瓦"墙"。雨来得突然，去得却缠绵。一个多钟头后，雨势渐微，我撑起伞沿着另一条小路下山，最终来到水岸山居。

水岸山居最初的名字是"瓦山"，绵延的青瓦覆盖在一座村庄大小的世界之上，建筑没有封闭的外墙，可以说是半开放的，从东至西被分为若干个独立又联通的功能区。从最东边的入口一路走下去，竟然有古典园林"步移景异"的体会。通道起初幽蔽，但走出几步就到了水边的露台，还没等适应开阔的景观，接下来又进入四面围合的庭院，交错的楼梯不知从何处来，往何处去。

抬头向上看，方形的天井像一盏朦胧的白灯，晕染了屋檐的边线，炫目的木构屋盖如同巨大怪异的艺术品，紧扣在瓦顶之下。建筑拥有大面积的黄色夯土墙和木质元素，不仅令人产生旧物的亲近感，还压住了造型多变的跳脱，使视线稳定下来。

从水岸山居出来，再度过河走上归途，回头望去，更能感受到建筑体量之大，犹如一幅长卷徐徐展开，观之不尽。植物漫不经心地从河边蔓延至砖石脚下，为画面添上一笔野趣。而此时遥看象山上瓦灰色的民艺馆，已经消隐于另一片乌云之中了。

乘坐314路或其他多路公交车到江口村站下车，步行100米即是校门。民艺馆门票10元，其余免费。

良渚篇

从象山回来，隔天我又来到了西郊的良渚。如果不是2019年良渚遗址申遗成功，这里大概依旧默默无闻。不过吸引我此行前来的，是良渚生机勃勃的文化氛围和多位大师的建筑作品，其中包括安藤忠雄的"大屋顶"（杭州良渚文化艺术中心）。

大屋顶夹在两条大马路中间，设计者和决策者毫不吝啬地为它规划了一大片绿地，无论从哪个方向过来，视线的焦点都必然是它。和我同时抵达的还有一辆大巴车，车子停稳后，车上下来二三十个学生模样的年轻人，像潮水一样涌向大屋顶。安藤忠雄二十几岁的时候曾经游历日本，看遍各地的传统建筑和大师作品。他当时又怎么会想到，若干年后，有众多年轻人怀着仰慕之心，逐一打卡他分布于世界各地的作品。

等学生们回到大巴车上，我才走到近前细细观察这座建筑。之所以叫作"大屋顶"，就是因为它有一个特别大的屋顶。从地面上看，你可能以为它是平的，但实际上它是一个多面坡的斜屋顶，盖着下面三个长方体的单体建筑，分别承担着"展示""文化""教育"的功能。屋顶出檐很深，因此在单体建筑之间和外围还形成了大片半室外空间，既让空间层次更显丰富，又兼具功能性考虑（适合杭州多雨的气候）。同时建筑也运用了许多三角元素，比如屋顶的三角形斜面、建筑外围水池的锐角以及屋顶的三角形天窗。

然而最醒目也最本质的，依旧是混凝土。被称为"清水混凝土诗人"的安藤忠雄，在其传奇职业生涯中，几乎与这种材料深度捆绑。他凭借日本匠人精神，将混凝土的形态与意义打磨到极致。当然，材料并不能定义一位建筑师，对他而言，几何学与自然是建筑的基石，而素面朝天的清水混凝土，则是他创作诗歌的草纸。

人们很容易赞同安藤的混凝土作品是现代的、精确的，甚至是神性的、带有日本

顺道游览

良渚博物院距离大屋顶2公里，坐落于湖心，四面环水，整体设计出自英国建筑师大卫·奇普菲尔德之手。尽管建筑体量庞大，造型方正，但是乳白色的立面不具有侵略性，反而有一种温润的质感，而建筑中庭反复出现的玉璧造型也将建筑与良渚五千年的历史联结了起来。内部展览详实，最好能在参观遗址前先来博物院了解其历史背景。乘坐杭州地铁2号线抵达终点良渚站，在地面转乘公交前往大屋顶。1222路公交车整点和半点准时从该站发车，依次经过大屋顶、良渚博物院和良渚遗址。大屋顶和晓书馆均免费；进入晓书馆需要预约，可通过公众号"大屋顶"预约。

上图：充满三角元素的大屋顶

左图：良渚文化艺术中心樱花盛开

右图：杭州晓书馆内部

侘寂之美的，却很难联想到自然。对于建筑与自然的关系，安藤有自己的回答——他有句名言："建筑是一种媒介，使人们去感受自然的存在。"虽然没有查证过这句话的出处，但我知道他在设计直岛美术馆的时候讲过类似的话。在直岛那样一个植被繁盛的小岛上，任何人工建筑物都会破坏自然，因此他的做法是反过来利用人工建筑物"使自然更突出，使自然与人的关系更加丰富多彩"。

也许，安藤追求的并非自然中的自然，而是经过建筑加工后传递给人的自然。比如阳光通过屋顶上的三角形天窗漏下，不仅从功能上引入了光线，也从情感上引起人们对光的追求。这种建筑化的自然，比起自然中的自然更容易被人感知到。

由于两端的长方体未开放，我只参观了中间的"晓书馆"，如今全国已有4家晓书馆。我一走进去，就被一种木调的温暖包围了，木地板、木书架、木桌椅——大面积的原木色家具，中和了混凝土的冰冷和硬朗，为读书的人提供了温暖柔软的安全感。落地窗投射进来的光线在错落的木质空间内创造出各种光影的变换，整个空间既开敞又富有趣味。我猜想这是日本人天生的本事，他们就是能用木头打造出那种引人触摸、色调柔和的空间，哪怕这个人的外号叫做"混凝土诗人"。

据说诗人安藤还曾说过另一句话："我的任务已经完成了，这个公共空间的真正价值和灵魂，要靠良渚文化村的居住者一起来营造。"为了验证这句话，我在晓书馆里走了一圈，就想看看这里到底是读书的人多，还是游客多，可是却很难分辨，因为即便是游客，偷偷拍过照后，也会拿出一本书坐下来读。我逛到了建筑书架前，抽出本几乎掉壳的《造房子》，坐在一个中年男人斜对面，又读起象山那一段。

不知不觉中1个小时过去了，我抬眼时，发现那个男人还坐在那里，连姿势也没变过。

幕后故事

连着吃了几顿快餐，在水岸山居的中餐厅，我吃到了久违的精致饭菜，并像一个正宗北方人一样感慨起江南菜肴的精致。从杭州回来后，我见了我的表弟，他说如果未来考研失败就去一个新的地方住一年，做些自己喜欢的事情。我当下就推荐了良渚给他，能够踩着脚踏车绕过绿油油的稻田，在阳光晴好的午后去晓书馆读一本卷边儿的书，总还有几分诗意吧。

© 侯艳琳

纽约——无论你是否来过,想必都会从各种媒体镜头中感受过它的繁华与激情。而3月以来,纽约却进入了"暂停"模式,让我们跟随摄影师侯艳琳的镜头去感受纽约城的另一番面貌。

文 侯艳琳

纽约按下暂停键

左图:全副武装走过街头的人

【摄影】

对于崇尚自由、特立独行的纽约客来说，无论是政府宣布进入紧急状态，还是纽约州长的每日疫情发布，都没能改变他们的生活方式。市民们依然外出购物、娱乐、聚会，街上也很少看到戴口罩的人。直至单日新增确诊病例超过3000人后，纽约州正式宣布自2020年3月22日20:00开启暂停模式：关闭公共场所，取消一切集会，非必要行业全部在家办公。

暂停模式开启后的几天都是阴雨天气。我戴好口罩和手套，沿第五大道、中央火车站、四十二街步行到达东河边的渡口。东河轮渡是通往犹太人聚居的布鲁克林区沿岸最便捷的方式，平日繁忙的渡口，此时只有一对犹太兄弟紧张查看新公布的时刻表，等待登船回家。昔日川流不息的街道一片寂静，各条大街的广告牌上滚动播出"居家""勤洗手""保持社交距离"的提示，以及招募医护人员的信息。途中，一位身穿防护服、全副武装的人员匆匆经过，更是增添了紧张的气氛。

上图：一对犹太兄弟在东河渡轮查询渡轮时刻表

左图:空荡荡的地铁站　　右图:帝国大厦和几乎没有人的街道

上图：在沉闷的城市中，纽约客依然乐观生活

随着每日新增病例的攀升,纽约客们终于戴上了各式各样的口罩,就连公园的雕塑也不例外,行人相遇时也会主动避开以保持社交距离。除必要行业(如医院、公共服务、食品超市)外,所有店铺都已停业。街上只有表情肃穆、采购食品的行人和骑车飞奔的快递小哥。一片萧瑟中,正常营业的街头酒铺格外显眼。酒铺橱窗上贴有"Live. Love. Wine."的标语,表明了它才是真正了解纽约客的那一个——酒精和生命、爱情同等重要,是保证生活品质的重要元素。

上图:戴上口罩的彼得·史岱文森总督雕像

上图：特殊时期冒雨工作的快递小哥

雨夜,一位快递小哥撑着伞从我身边匆匆经过奔向远方,我举起相机定格了这个瞬间。如果说昔日耀眼的霓虹灯展示着这座城市的繁华,那么此刻昏暗路灯下那一点点移动的红色,正是这个城市温暖的脉动。

每晚7点,掌声、歌声、欢呼声,伴随锅碗瓢盆的敲击声回响在城市上空,居家的人们用这种特殊方式致敬坚守一线的工作人员。Bleecker街的一家服装店橱窗上写道:"如果现在只能看看橱窗,请让我们不断为您更新。"我还遇到了梅西百货免费发放食物的面包车,车身上印着:"为饥肠辘辘者提供食物,为无家可归者提供住宿。"排队领取食物的人都戴着口罩并保持一定距离。为了表示尊重,我没有靠近拍摄,驻足观察了一会儿后便悄然离去。

暂停模式期间，所有公共交通虽减少班次但都正常运营。中午时分，我抵达了世贸中心交通枢纽（Oculus），明媚的阳光从长长的玻璃天窗倾泻而入，将白色大厅照得明亮通透。天窗外清晰可见的世贸中心大厦静静地俯视着这座"和平白鸽"。

而昔日每天超过25万人抵离的中央火车站内，星空顶棚和拥有百年历史的猫眼石大钟默默记录着此间的空旷和安静，也见证着这段特殊时期。车站外，刚刚恢复营业的餐车令我倍感亲切。我举起相机的一刻，戴着口罩、手套的小哥同样微笑着比起了爱心。我买了一个最爱的面包圈Pretzel，小哥得知我来自中国时还对我说："Good luck. Be safe."

上图：阳光照进世贸中心交通枢纽

上图：比爱心的餐车小哥　　下图：中央火车站

左图：短暂摘下口罩回归正常生活的纽约人

右图：戴着口罩路跑的人

4月中旬，随着新增病例趋缓，气温逐步升高，以及樱花、梨花、桃花的相继盛开，纽约市民们开始走出家门，来到各大公园和绿地，进行健身、阅读、发呆、日光浴等活动，一时好似开启了度假模式。在享受阳光的同时，他们也并未大意。我仔细观察后发现，人们不仅保持着距离，而且几乎所有人脖子上都挂着口罩、围巾，相互接近时也立刻遮上口鼻。望着草坪上的人群，我想眼前的暂停只是一时的，相信不久后就能听到来自纽约客们充满活力的问候语——"Have a nice day！"

上页：保持距离的"聚集"

近500公里的"世界最美"铁路线,将我从挪威东侧的首都奥斯陆,带到了西侧的港都卑尔根。一路上经过的村庄、森林、湖泊、雪野……在峡湾的映衬下更添奇幻色彩。

文 Lucy Cheung

从奥斯陆到卑尔根

左图:穿行在奥斯陆—卑尔根地区的火车

【火车】

奥斯陆—卑尔根铁路（Oslo-Bergen railway）上的列车，车身虽普通，7个小时的旅途却是越走越惊艳。

当你以为一路只有湖泊时，眼前就逐渐出现了农场与田野；当你以为雪野再美也会让人疲劳时，高原滑雪场与小木屋会疾驰而过；当你还沉浸在阳光与冰湖形成的光影游戏中时，却忽然天色变暗，迷雾弥散。你身处列车内，速度与节奏如谜。我像一位电影后期剪辑师，坐在车厢中向外张望，与窗外的一切只有咫尺之距，像对着流动的影像画幅。

跌宕的景色，也是对挪威历史的呼应。1894年时，挪威与瑞典还同属挪威—瑞典联盟（1814~1905年），政府修筑这段连通国境东西的铁路，原意是要疏通斯德哥尔摩与西部贸易重镇卑尔根之间的生意往来。到了1905年，铁路还没修完，挪威就已经独立，于是1909年铁路建成启用时，就成了连接奥斯陆（当时还叫Christiania）与卑尔根的主干道。

这条全长496公里的铁路，成了挪威绝佳风景的代表。从拥有世界顶级博物馆和画廊的首都奥斯陆出发，穿过南部的森林，爬上哈当厄尔高原（Hardangervidda），经过从弗洛姆（Flåm）开始呈扇形散开的峡湾村庄，最终抵达被连绵山峰包围的卑尔根。

铁路之旅的起点，就从探索挪威这座别致的首都开始吧。

奥斯陆新建筑，冰川大海启示录

奥斯陆人戏言，在扎哈·哈迪德设计的广州大剧院横空出世前，奥斯陆歌剧院还是世界上最美的水边建筑。下过小雪的3天后，踏上这座以"冰山"为概念的现代大物时，脚下一再打滑，提醒我此行果真像在冰山徒步。

奥斯陆歌剧院是挪威国家歌剧院与芭蕾舞团的大本营,也是挪威国家剧院的根据地。它位于奥斯陆市中心的Bjørvika地带,那里正是奥斯陆峡湾(Oslofjord)的起始点。此处作为"文化中心"也是奥斯陆"都市化"新规划的地段,歌剧院对面的峡湾另一端,可见修建中的新公寓群。不过政府早有规定:挪威峡湾属全民所有,为确保市民在城市任何位置都能观赏峡湾景色,新楼一律不得超过7层高。

歌剧院于2008年开幕,它形如"冰山与陆地接壤"的概念来自斯诺赫塔(Snøhetta)建筑事务所,这一创意接连赢得巴塞罗那的世界建筑节大奖与欧盟当代建筑大奖。白色花岗岩与大理石连通了地面与歌剧院楼顶,混合的坡度呈现出一个角度险峻的大广场。而登顶后俯瞰峡湾全景时,颇有点在山顶吹风的错觉。

不过,自始至终让我挪不开视线的,却是漂浮在歌剧院近海的一座大型不锈钢及玻璃雕塑《她说了谎》(*She Lies*)。远看,它酷似一艘玻璃帆船;近看,它随着浪潮与风向改变而呈现出视觉落差。这是由意大利艺术家Monika Bovicini设计的永久装置,它有意诠释19世纪德国画家卡斯帕·大卫·弗里德里希的作品《冰海》(*The Sea of Ice*)。人们在盯着这座倾斜的"冰山"时,也许会思考:全球变暖效应下,真正的冰山说不定某一天就会漂浮到此。

在城市与峡湾相遇之处的Tjuvholmen区,屹立着代表奥斯陆今日建筑最新风潮的阿斯楚普·费恩利现代艺术博物馆(Astrup Fearnley Museum of Modern Art)的新馆。风帆式的大屋檐延伸入海,双幢玻璃大房子孤立于无公共交通可直达的码头边缘,背后是一大片被纳入"峡湾城市发展新规划"的购物区与住宅区。Tjuvholmen区自2005年被私人发展商

右图:阿斯楚普·费恩利现代艺术博物馆

收购后，迅速成为房地产买卖的热点。除了已盘踞多年的挪威国家芭蕾学院以外，这里的艺术气息大概就需要2012年底落成的现代艺术博物馆去传承了。要仔细观赏这座让全球艺术界瞩目的现代艺术博物馆，得从户外看起：紧挨峡湾的一片绿地上摆放着Selvaag建筑事务所原创的雕塑作品。初冬微雨中，孤零零映入眼帘的，是一座名为"眼"的两枚硕大的圆球形雕塑，不看说明的话，更直观的印象倒像是女性身体的一部分。意大利建筑界元老Renzo Piano从10年前开始设计这幢建筑，从面朝大海的正门进入，由玻璃屋顶滤入的自然光会让阴冷的奥斯陆收获些许暖意。一道木桥连通一系列小型画廊，同时也连接户外与户内。Piano的设想是将博物馆建为将都市与大自然紧密相连的"小城市"，而由纤细的钢柱支撑的大弧度玻璃屋顶，其灵感则是取自海港上的帆船。

事实上，这座博物馆早在1993年便已由费恩利航运家族开办，最初集中展示20世纪80年代的美国艺术品。2012年底搬入新居前，博物馆的藏品与展品已趋向国际化，每年策展六七次，中国艺术家蔡国强的作品也是这里的常客。

乔迁后的正门大堂内放置了一座迅速吸引眼球的"尤物"：一樽比真人大两倍的日本情色漫画少女雕像，无遮拦的刻画一时引来外界争议纷纷，欧洲各地不少媒体的反响高度一致——"缺乏灵魂、哗众取宠"。不过这个博物馆已有过"前科"：他们曾以500多万美元的高价买回了杰夫·昆斯（Jeff Koons）创作的镀金陶瓷雕塑《迈克尔·杰克逊和泡泡》（*Michael Jackson and Bubbles*）。

挪威峡湾：不负盛名

如果不将全国的1200余处峡湾计算在内，挪威的海岸线长度将由29,000公里锐减至2500公里。有几处峡湾最为知名：长203公里、最深处达1308米的松恩峡湾（Sognefjord）是挪威最长、最深的峡湾；盖朗厄尔峡湾（Geirangerfjord）和奈略峡湾（Nærøyfjord）则是仅有的两个入选世界遗产的峡湾——前者作为"峡湾之王"，每年接待超过60万名游客和150余艘巡游船；而后者作为松恩峡湾的诸多岔道之一，最窄处只有250米。

上图：奥斯陆歌剧院

弗洛姆小镇，自酿依旧

奥斯陆——卑尔根铁路的中途，有一段奇险无比的岔路——世界上不使用电缆或大齿轮的最陡峭铁路：弗洛姆高山铁路（Flåm Line）。铁路全程20公里，往返却需近2个小时，沿途有20条隧道，以及连续不断的急转弯……这座修建了近20年的铁路，堪称挪威铁路工程史上最大胆的尝试。

而铁路的主人公、"草根明星"弗洛姆，一个位于艾于兰峡湾（Aurlandsfjorden）前端的小小村庄，每年会接待超过50万名游客。若是乘坐渡船来此，大船驶进港时，全村几乎尽收眼底；而抬首间，染雪的连绵山峦就在眼前，距离之近又让人刹那产生荒野深渊之感。小村的魅力吸引我们来此，并留宿在Flåmsbrygga酒店。

按照挪威传统海边木屋形式建造的Flåmsbrygga酒店，所有房间都是由挪威原木与漂浮木、石头、玻璃依照现代设计建造的。雨后的清晨，推开落地窗，眼前尽是雪山、湖水、游牧小舟与堆在一旁的新伐木，毫无尘埃。

雪山和峡湾包围着这个村庄，每日，行驶在世界上最险峻路线的绿皮火车，翻山越岭后会停靠在此。村庄的雪地上，只有一棵圣诞树静静地散发着微光，以及一座大门紧锁、用旧火车厢改造成的咖啡馆。冬季时，下午3点半太阳便会落山；到了4点半，全村唯一一家午后还在营业的面包房也准时关闭。一只黑猫从草丛里窜出来，消失在雪地上。

这里有一幢以北欧神话中酿酒之神Ægir（埃吉尔）命名的自酿啤酒窖Ægir BrewPub（flamsbrygga.no/en/aegirbrewpub），它2007年就开业了。传

上图：弗洛姆高山铁路穿过白雪皑皑的山区

下图：卑尔根的滨水小屋

说中，这位为诸神酿酒的海神拥有一只约1600米深的酒杯，会定时邀请诸神畅饮狂欢。

拜"限酒令"所赐，挪威人的饮酒也是"定时"的：想在夜里小酌一口，要么在家拿出晚上8点（工作日期间，超市只能在晚上8点之前销售啤酒）前储备好的货，要么就要去酒馆里与同好不醉不归了。所以，Ægir酒窖虽地处偏僻，却常年吸引着各地的挪威人专程前往。酒窖屋顶与房内全部装饰着北欧神话中的龙头，中间是一圈巨大的壁炉，酿酒师克里斯在不断地往炉内添柴。"挪威佳酿贵如油，过了此家无别处"——本地人尚且无视路途的遥远前来痛饮一宵，更不必说难得一来的游人了：来一扎清香的IPA，或是巧克力与咖啡味难分难舍的Sumbel Porter，又或是适合与肉类共享的"收获之酿"，一扫寒冷与疲惫，令人胃口大增。

一般要到晚上6点Ægir才开门。迫不及待的酒客们推门而入，围坐在铺着皮毛坐垫的木凳上，呼朋唤友围着熊熊暖光，手中端着酒窖新推出的姜汁圣诞特酿。至于不贪杯的游客，在天气寒冷的挪威，最适合大尝本地苹果汁。挪威盛产的清甜苹果，也经常用于本地菜肴之中。

第二天，我搭上了去Flåm的绿皮火车。车开出不久，前方忽然下起雪来，这趟从旧时光开出的复古专列，竟以比普通火车快无数倍的疾速，将我们瞬间迁移到了"时空不详"的另一端——弗洛姆高山铁路中最惊险的特罗拉（Trolla）雪崩区，不过除了狂野，这里竟然还养了100多只山羊！继续向前，出了Bakli隧道口就是雷鸣阵阵的肖斯（Kjosfossen）大瀑布，列车会在此停靠5分钟，供兴奋的游人拍照——要抓紧时间！制服齐整的列车长，笑容宽厚地站在一旁，早已看惯了这幅场景。

想喝酒？不容易！

根据世界卫生组织2014年的数据，挪威的年人均酒精消费量仅为7.7升，远远低于同为高纬度北欧国家的丹麦（11.4升）和芬兰（12.3升）。可是，这并不代表挪威人不喜小酌，他们只是受法律所限。啤酒虽然在很多商店有售，但在工作日的晚8点和周六的晚6点之后就停止销售了；而葡萄酒、烈酒或高浓度啤酒则需要到挪威国家酒局（Vinmonopolet）直营的零售商店购买。

卑尔根：双脚在海里，头顶天空而心脏鲜活

在露天火车站踏出列车时，方可在7座山和7条峡湾围拢的峡谷迷雾中，见到旅程终点站——富裕精致的小城卑尔根。置身小城中，你就可明白"双脚在海里，头顶天空而心脏鲜活"的涵义。在大自然带来的惊喜中，迫不及待地投入海港旁一片气味浓腥的鲜鱼市场，与几乎全城人都认识的香港卖鱼女唠着家常，忽地有种奇异的乡愁袭来。

卑尔根，挪威历史上第一个首都城市，掖在挪威西海岸，是峡湾的入口，与东部的首都奥斯陆隔海相望，分享"友善的竞争对手"之间的酸甜苦辣。

在这座一年降雨超过200天的小城里，空气中飘浮着鲜鱼码头的隐约腥味。这些旧时用来储藏鲜鱼的仓库，各自收纳着陈旧的故事。卑尔根自1070年存在至今，拥有全北欧最古老的小学，背倚北欧唯一的山顶有轨缆车，背面小街的古董店里静静摆放着1个世纪前的留声机。

城市的沃根港东岸矗立着一排色彩鲜明的中世纪房子，名叫布吕根（Bryggen），自11世纪屹立至今从未掉色，入选了联合国科教文组织《世界遗产名录》，也是挪威明信片中最常见的地标。

布吕根的很多房子是"汉萨同盟"遗址，除了这批色彩鲜艳的文物作为特例，政府规定所有国家级文物建筑都要涂上白漆，而白楼一律不得损坏。与这排木屋相对的另一侧港口，却见玻璃通透的现代建筑岿然而立：二楼是游客中心，一层是今年才搬进室内的鲜鱼市场——一位香港卖鱼女孩在这里，热心地为同胞们讲解、挑选海鲜。但相比于超市，这里的鱼货价格偏贵。

坐上弗罗伊恩（Fløibanen）360度的全景透明有轨缆车，沿陡峭笔直的山崖上行，7分钟后就能抵达山顶。最高处的Finse小站海拔1200米，别看只是弹丸之

卑尔根浪潮

20世纪90年代末期至21世纪初的近10年时间里，许多来自卑尔根的流行歌手逐渐走红，媒体将这股风潮称为"卑尔根浪潮"（挪威语：Bergensbølgen）。如今，大量业余乐队在它的影响下活跃在这座小城，他们主要分成两类：崇尚英国铜管乐传统的brassband，以及包括了铜管与木管乐器的janitsjarkorps。

地,竟然也有酒店,只因这里常年吸引着世界各地的徒步登山者。一个多世纪前,英国探险家斯科特与挪威探险家阿蒙森在进发南极探险之前,一直在这里做训练。电影《星球大战5:帝国反击战》的部分外景地也选在这里。

走入传说中由北欧小妖怪Troll把守的迷离森林,魔幻感几乎让我透不过气来。返回山顶观景栏杆旁,能看到峡湾与城市在眼皮底下神秘蔓延。下山时,天空忽然又飘起雪来。

回到码头前,锐利硬朗的布吕根木架在雨里散发独特的气味。烟雾山头下,维京大船缓缓驶入,只能见到船头亮着的两盏灯。海上狂雾一动不动,两盏黄灯冷不丁地穿透迷雾照亮眼前,如一艘巨轮直接从魔幻片驶进了现实里。北欧古老传说就地取材,而神话原本就在模仿现实。

如果步子快,10分钟就能走完卑尔根市中心。这样一个以大学作为市中心地标的城市,青年文化注定独扛大旗。得益于挪威政府对教育的扶持,这里只有不想读书的人,而没有读不起书的人。这指的是政府为适龄学生设计的"学生贷款",学费可以先由政府买单,等将来工作了再还也不迟。当然这也是个冒险,这里不乏年届花甲而没还清大学学费的人。买房也是先贷后还:80%的青年人一毕业就买了房,租房是稀罕事。

较高程度的平等,令"奢华"显得不那么必要,更可贵的反倒是独立与创意精神——卑尔根是迷倒全球众多乐迷的独立音乐二人组Kings of Convenience与"卑尔根浪潮"代表、电子组合Röyksopp的诞生地。大雨滂沱时,我摸进一条30多米长的小街,这里散落着几家不起眼的小店,然后被当地人告知:这里就是引领全球青年文化新风的"卑尔根浪潮"的发源地,创意服装、艺术设计、黑胶唱片店与原创音乐会彼此为邻。果然,艺术与创意是沉闷的解药。

上图：挪威奥斯陆"巨魔之舌"

女作家毕淑敏在《非洲三万里》一书的序言中曾这样问自己：我为什么要到非洲？我也曾这样向自己发问。没有具体的答案，只有强烈的直觉：如果不去，怕是会终生遗憾吧！感谢你，鲜明强烈又质朴温存到让我几乎失去思维和言语的坦桑尼亚，你是那么狂野，又是那么温柔……

文 王抒今

坦桑尼亚：
那么狂野，
那么温柔

左图：穿着传统服饰的马赛人

【游猎】

遥望乞力马扎罗的雪

这里是东非

十几个小时的飞行和5小时的时差不是休息的理由,人和行李直接上了旅行车,奔向百公里外的乞力马扎罗国家公园。

一个多小时的路途中,渐渐完成的,是心理上的"穿越"和"抵达"——让所有的感官都徐徐启动,真正进入坦桑尼亚。路边村镇被刷成粉色、绿色的小屋,头顶大捆香蕉或是装满物品的筐子和篮子、悠然走在路上的衣着艳丽的女子,穿着墨绿、深蓝、土黄色西式制服,微笑着向车窗后面的"镜头"挥手的小学生……似乎让人恍然联想到印度的色彩,而平缓起伏的绿色草原和远处作为背景的悠远群山,又唤起了我对川藏线的记忆……曾经多次行走川藏线,也曾数次穿越印度,对各种原野和群山的组合并不陌生,但眼前的一切,和过往记忆中的任何地方都是那么不同。不仅仅因为地貌和植被的差异,那种叫作"气质"或者"感觉"的东西是非常微妙的,坦桑尼亚的原野,更加质朴,也更具野性,有一种不加修饰的生命力喷薄欲出、坦然赤裸……

司机提示说:向左看,乞力马扎罗在那儿!那是一种"终于见到你"的感觉,越过灌木点缀的广阔原野,远处的乞力马扎罗安详矗立在午后的阳光中,有云层稍稍遮住山顶,依稀可见冰雪覆盖的面积并不大。它无疑是雄浑庄严的,但远没有在川藏线初遇高耸陡峭的雀儿山那种心跳到窒息的惊艳,或许,因为它背负了太多传奇和期待,在人们心底虚构的"诗和远方"存在太久了吧!

公路同样是"简朴"的,车速并不快,一路上能看到身材瘦削修长、身披红色条纹布料"束卡"(马赛人的传统服装)的马赛男子在原野上放牧,也有人在池塘里沐浴,缓慢、慵懒、旁若无人,也无视时

里程记录

从北京出发,乘国航CA869,飞行约11小时,于亚的斯亚贝巴转机;乘埃塞俄比亚航空公司ET8150继续飞行约4小时,到达坦桑尼亚乞力马扎罗机场;继续乘旅行车2个多小时,到达乞力马扎罗国家公园(马兰谷线入口)。

光……用树枝和牛粪搭建成的圆柱形尖顶小房子，星星点点地散落在草原灌木间，就是他们的家。树上的凤凰花开得正好，咖啡园和大片玉米田丰饶安详，时间流逝的速度和方式似乎正在发生着改变，提醒着我——这里是东非，这里是坦桑尼亚。

很幸运，邂逅第367,563位登顶者

刚刚登顶成功、背着硕大登山包正准备离开营地的非洲小伙，面对举着相机的我自信地微笑着，露出整齐好看的牙齿，并翘起拇指，比出"赞"的手势——那是我收获的第一个"坦桑尼亚"式微笑，饱满诚恳、阳光灿烂，在之后的旅程中，我和这样的笑容，一再邂逅。

距马兰谷大门不远，第一位成功登顶者——德国摄影师汉斯·梅约尔的纪念碑静默矗立，他在1889年10月5日，成为人类历史上首位征服乞力马扎罗最高点基博峰（Kibo Peak）的登山勇士。在之后的127年间，越来越多来自世界各地的登山者继续着他的步伐，但来自专业人士的说法是：每年十多万游客中，成功登顶的人不到一半。

这条勇士之路入口平淡无奇，只是简单的三角形结构木门，一条铺满苔藓的小路从这里延伸出去，两侧是葱郁的雨林。站在门口张望，带着对这条路和走过这条路的人的好奇和一点点敬仰，我邂逅了来自无锡的27岁登山者良品和他带领的团队。他们的皮肤被晒得有点泛红，但也因此满满洋溢着登山归来的喜悦和成就感。从头盔和一身专业行头仍能看出他的风尘仆仆，肢体语言却显得特别轻松。良品是第367,563位乞力马扎罗成功登顶者，很幸运，我可以一边喝着纯正的乞力马扎罗红茶，一边听他分享乞力马扎罗的记忆。初来乍到的我一点点尝试去靠近，那只有真正的攀登者才能看到、触摸到、感受到的"非洲之巅"，甚至忍不住动念一想：是否，我也可以试一试？

阿鲁沙与游猎

到了恩戈罗恩戈罗,你才想起自己也是动物

在阿鲁沙的停留,其实是一次高效直接地了解坦桑旅行精华的绝佳机会,也是接下来正式开启东非最具特色的游猎之旅最好的预热。阿鲁沙毗邻各大国家公园,是坦桑尼亚最重要的旅游枢纽。几乎所有走坦桑尼亚北方线路的旅行者,都会在阿鲁沙短暂停留,办妥预约专业旅行公司、租车、登山、酒店预订等手续。

是的,旅行就是从阿鲁沙开始。真正被坦桑尼亚的温情与激情拥入怀中,也是从这儿开始。我已经能隐隐听见来自东非大陆的"野性的呼唤"——在非洲最大的私人收藏博物馆阿鲁沙当代艺术遗产博物馆,一张张个性鲜明、色彩艳丽、充满张力的人物、动物摄影和油画作品,喷薄而出的强悍生命力和袒露的激情将我瞬间击中。心底有个声音:我要去看动物,去看大自然!

欢迎来到坦桑尼亚荒野之地,这里是体验非洲大自然的最佳地点。

游猎(Safari)曾经是欧美上流社会盛行的时髦运动,特指到非洲体验丛林生活,接触野生动物,让身心融入自然,内容包括:狩猎、豪华宿营、丛林探险、野餐等。今天,狩猎在东非大多数保护区内已被禁止,旅行者们的相机和"大炮"镜头取代了猎枪,但这个名词和这种旅行方式被沿用了下来。

清晨,从阿鲁沙乘游猎专用的巡洋舰敞篷越野吉普车出发,向西行驶150多公里,经过马尼亚拉湖(Lake Manyara),沿着裂谷带爬升,前往恩戈罗恩戈格罗保护区(Ngorongoro Pushcha)。

两个多小时的行程,让我们有足够的时间在晨光依稀的东非原野上慢慢舒展感官、释放感受,仿佛与世界的"沟通"模式发生了变化,这变化就是从去往"火山口"的这个早晨开始的:思维几近消失,语言表达能力似乎钝化了许多,相机总是在最

里程记录

从阿鲁沙出发,乘巡洋舰越野车,向西行驶约150公里,2个半小时左右到达恩戈罗恩戈罗保护区。

上图：优雅的黑斑羚

美的奇景出现之前没电，自以为最擅长的把感受转化文字的能力自动关闭了，开始进入一个"自我"特别不鲜明的阶段，在坦桑尼亚，"我"渐渐把"她"忘了……这就是大自然最本真、最神奇的力量吧！就像朋友老陈说的：到了非洲，就忘记你是个人吧，你是个动物，和羚羊一样，并不需要比一头犀牛更有优越感！

在坦桑尼亚，我第一次真正走进心中的自然，作为一名来访者，一个普通的灵长类动物。当越野车穿越丛林登上山顶，俯瞰被晨光笼罩的广阔盆地和盆地中的湖泊，这时展现在我眼前的是可谓神圣的壮阔景观：力量与安详，生机与尊严，壮美与博大……在真正的大自然面前，所有的词汇都变得苍白无力起来。

越野车盘旋而下向盆地俯冲，我渐渐体会到"每个细胞都和大自然建立起联系"的战栗和敬畏，这个完全陌生的世界，就是大自然本来的样子，而它，真的太完美了……

角马多起来了，从孤独的一只，战斗的一对，到奔跑的一群。土狼也出现了，比《狮子王》里看到的反面形象，显得稍许正派威武。羚羊奔跑的姿态轻盈优雅，远处湖上一大片粉红色的浮云是成群的火烈鸟，想文艺地摸摸斑马的头发似乎也不是什么幻想，它们正从不远处缓缓走来，成群结队。少年辛巴和它的兄弟姐妹们在距离我们午餐的地方大约300米的缓坡上悠然地吃着它们的午餐。

在大自然的秩序里，人类的傲慢和自我，化为臣服与谦卑。想起经营猎游公司的加拿大小伙子Petty的话："游猎看动物一点都不危险。它们就和你一样，你看着它们，它们也看着你，大家都是一样的。"

塔兰吉雷国家公园大象，别让我流泪

在坦桑尼亚，稀树草原覆盖了4/5的国土，养育着超过400万只大型野生动物，数量多于撒哈拉沙漠以南所有国家野生动物的总和，28%的国土被开辟为国家公园和自然保护区。所以,在坦桑尼亚体验游猎,选择实在太多了。接下来的游猎目的地是距离恩戈罗恩戈罗120公里的塔兰吉雷国家公园(Tarangire National Park)。在坦桑尼亚,不同的国家公园,地貌、植被、动物种类分布、游猎的体验也都不尽相同,每个公园都有惊喜,这是最有趣的部分。和恩戈罗恩戈罗的壮阔大气相比,塔兰吉雷就和它名字的发音一样,有着感性细腻的"文艺气质",大部分被茂密的灌木覆盖,只有为数不多的几块开阔草原。"造型"稚趣的猴面包树和成群的大象是这里的两大"招牌",在旱季时,能看到成千上万头大象在这里聚集,而猴面包树在此时,成为许多动物的"能量补给站"。

在塔兰吉雷,我拍下了象妈妈带着象宝宝走向丛林深处的背影,在那温存有爱的时刻,脑海中也同时闪过了公益广告上的那张经典照片,小象正在对妈妈说:"妈妈,我长牙了,你为什么不高兴?"

想要真正还原和分享游猎的真实感受,你必须亲自出发,回到自然与动物中去,放下观光者的轻浮和享乐者的傲慢,把自己还原成一个单纯的人,一个与众生平等而不是站在食物链顶端的动物。

桑给巴尔

有一种温情,在南印度洋上空荡漾

这里是南纬6度,我在坦桑尼亚的"桑"(在坦桑尼亚的国名中,"坦"是指位于内陆的坦噶尼喀,"桑"则是指桑给巴尔岛)。

推开门,南印度洋温润的海风迎面拂来,似乎总带着丝丝的暖意和甜意,润泽的空气懒懒地在海洋与岛屿之间荡漾。最惊喜的还是它的沙滩,宽广、平缓、细腻,沙的质感不只是细白如面粉,甚至可以说是细白如香粉!而不远处海水的色彩,清透又丰富,从祖母绿到坦桑蓝,再到透明的、深邃的湛蓝,层次清晰,配色完美。

环顾以部落风格设计的静谧所在,穿

里程记录

乘坦桑尼亚精准航空(Precisin Air)W437,空中飞行约1小时,到达桑给巴尔机场。

上图：桑给巴尔的海滨日落　　下图：奴隶市场遗址

过沙滩上叶子硕大的绿植，就是以茅草装饰屋顶的度假小屋，带门廊的小木屋内挂着蚊帐，雪白的床单与部落风的古朴大床让我的心完全放空、放轻松了。

石头城（The Stone Town）是桑岛之行的第一站。这里是桑岛的老城区，大多数建筑建于19世纪。就像它的名字，这是"石头"建成的城，房屋的墙体几乎全部用珊瑚石所建，虽然珊瑚石容易被腐蚀，却能把印度洋季风带来的炎热阻隔在外，达到降温效果。南半球明亮的赤道阳光照耀着这座已经（并且一直在）褪色的老城，但依然可以看到鲜明的混搭文化的色彩。它是伊斯兰文化和班图文化的结合体，残留的殖民色彩和多元文化融合的生活气息，在时光里沉淀发酵成慵懒惬意的脉脉温情。坐在码头旁观景餐厅二楼吃着这里特产的海鲜比萨的人们，很难回忆起这座岛屿经历过的那段悲怆的历史——奴隶市场遗址就在并不遥远的地方，见证着黑暗无边、惨无人道的奴隶贸易。或许，要感谢热带海洋开朗包容的天性吧，海风吹，海浪涌，就这样在时光里，慢慢带走了悲伤……

如果要逛上一天，大致可以这样计划：在有特色的餐厅吃完早午餐，品尝当地"轻美食"，午后在街巷中漫游，或是来一个下午茶；日落前1小时回到码头，在离码头最近的那家有着巨大看海露台的酒吧吹吹海风，喝一杯乞力马扎罗啤酒，等待乘单桅帆船出海，欣赏南印度洋的落日……

黄昏时分，在南印度洋的海上，我们乘单桅帆船出海看落日。两位身穿穆斯林白袍的乐手一个打手鼓，一个演奏小提琴，坐在船头的白帆之下微笑歌唱，服务员准备了各种小吃，黄昏正缓步来临，远处的帆影和身边姑娘的长发被晚霞染成暖暖的金红色。乞力马扎罗啤酒特有的清新味道让刚刚熟悉起来的人们彻底放松下来，南印度洋的落日时刻，那么浓郁又层次丰富的饱满金红色，融化了天和海，也融化了我的心。

10年后再次回到让我魂牵梦绕的第二故乡,来到爱丁堡,生活就是风景,不论是孤傲沧桑的古堡、广袤的海岸还是闹鬼的阴森地下城,也不论是藏有不朽珍奇的博物馆,还是苏格兰风情的盛大节日,都牵引着我再次与之相逢,追忆昔日的美好时光,享受当下的温情与感动。

文 谭川遥

爱丁堡,最爱与你相逢

左图:王子街的卡尔顿山

【重访】

十年的久别重逢，
捡拾起记忆的碎片

火车从伦敦出发，穿过南部平缓的田园一路向北，窗外景致逐渐疏朗，深邃的天空像是在凝望你。当车窗右侧开始出现一线冰蓝色的海，并渐渐填满整个窗户时，爱丁堡就快到了。跨出站台那一刻，迎面看到矗立了1500年的城堡，心中依然充盈着初见的感动。

10年前我在爱丁堡做学生，有幸在她的风景里生活了两年。柏瑞尔·马卡姆在《夜航西飞》（West with the Night）中说，当你离开一个住过、爱过的地方时，要尽可能地迅速与它决绝。如果你回到这样一个地方，大概应该反其道而行之。所以10年后我选择坐火车回爱丁堡，用缓慢而熟稔于心的方式接近回忆。我住在从前的家附近，每天在老城与新城间不知疲倦地走来走去，重访旧去处，也发现新精彩。苏格兰的首都用一以贯之的古老、美丽和丰富，拥抱我这一怀着归客之心的旅人。

先有了城堡，
才有了这座城

皇家大道是爱丁堡老城最主要的街道。从大道的中段沿着一条小路斜斜往下走，不到5分钟就是我念书时的旧居。那时我的室友来自苏格兰斯凯岛，他从老家带来一只梗犬叫"Cuilean"（读作"coo-len"），在苏格兰古语盖尔语里就是小狗的意思。我常常带这只名叫"狗"的狗去皇家大道散步。

清晨我往东走，来到荷里路德宫。这曾是苏格兰玛丽女王的居所，据说她还在宫中亲眼目睹了第二任丈夫刺死自己的情人。如今，这里已是玛丽女王"宿敌"之

故名演变

7世纪，城堡岩（Castle Rock）地区在盖尔语中叫作"敦爱丁"（Dun Eideann），意思是"山坡上的城堡"。到了638年，来自英格兰东北部的诺斯安布雷亚王国出兵攻占了敦爱丁，源于凯尔特语里的"爱丁"一词就此保留，而"敦"这个词按照古英语被翻译成"堡"（Burh）。由此，"爱丁堡"（Edinburgh）的名字诞生了。

上图: 爱丁堡的天际线　　下图: 皇家大道

后——伊丽莎白二世的夏季行宫（玛丽女王被英格兰女王伊丽莎白一世软禁18年，最后上了断头台）。但对于普通爱丁堡人，伴着金色的晨光在行宫外优美的绿地里走走才是正经事。傍晚我往西走，一路爬到城堡。像北京人未必去过长城一样，许多爱丁堡人也未必进过城堡，可能因为9.5英镑的门票并不便宜吧！每年11月30日，为了纪念苏格兰的守护圣人圣安德鲁斯，城堡免费开放，你会发现平日里世界人民大联欢的城堡，在那一天满满当当都是把"UK"读作"U Key"的本地人。尽管如此，爱丁堡人对城堡的热爱依然植根在骨子里，因为先有了城堡，才有了这座城。我也受到了感染，每次只要抬头看见城堡，就莫名觉得安心。多年后，我又在暮色四合时分，站在城堡广场看脚下的万家灯火，以及不远处深蓝的北海。风中的凉意，让我想念小狗Cuilean温暖的依偎。

白天的皇家大道更多属于游人，但如果你拐一个弯，转入两侧高高低低的小巷（Close）里，会发现大道上的热闹从来蔓延不到这些幽静的小巷，两侧是被雨水与岁月浸润得漆黑的石头房子，门窗似乎永远紧闭。我最喜欢的是Anchor Close，那极具压迫感的陡峭长台阶与昏黄的煤气灯，是入画的场景。有一次，走过一条小巷，抬头一看竟叫"世界尽头"（World's End），原来这里曾是城门的所在，对于交不起出城费的穷人，这的确就是世界的边界了。入夜之后，这些巷陌变得鬼魅阴森，泛着若有若无的夜雾，成为神秘世界的入口。

你好，鬼怪

曾有好事者为欧洲各大古城的闹鬼指数排名，爱丁堡总是名列前茅。皇家大道是"闹鬼重灾区"，城堡广场上曾烧死过300多名被指控为女巫的妇女，此后

苏格兰玛丽女王

她在出生后6天即被确认为苏格兰女王，在战乱与妥协中，还是幼女的她被当作政治联姻筹码，与法国王子订婚，并在5岁时就被送往法国王室寄养。在信奉天主教的法国王室熏陶下，她被培养成了地地道道的天主教徒和天赋异禀的法兰西王后。守寡后，她又面临苏格兰的战乱和沦陷危机，决定返回故土主持内政，却遭到了新教教徒的封杀与各地叛军的刁

的世代里不断有倒霉的路人声称,曾被这些可怜的冤魂吓得魂飞魄散。圣吉尔斯大教堂(St Giles Cathedral)旁的市场十字(Mercat Cross)看似寻常地标,实则是古时候处死犯人的地方。据说,不时有手里拿着绞绳的无头鬼在附近徘徊,寻找自己的脑袋。

另一处鬼怪多发地要数牛门(Cow Gate)、南桥(South Bridge)一带。牛门是一条中世纪古街,因为牛群从这里被赶往市场而得名,地势低洼,有不少地窖。南桥建于1785年,跨于牛门之上,如今从路面上已完全看不出桥的样子,几乎所有的桥洞都被填成了楼房,只剩一个桥拱穿过牛门。在大桥的"压迫"下,牛门上的地窖越发阴暗潮湿,一开始还用于仓储,后来就废弃了。到了19世纪初,它成为贫民与罪犯藏身的地下城,一个三不管的边缘地带。当时,正是苏格兰医学与解剖学飞速发展的时期,竟有连环杀手在地下城专门杀害没有身份的流民,将尸体卖给研究解剖的医生。这件杀人贩尸案曾轰动一时,英语中的"burking"一词,意为秘密杀害,就源自这起案件的杀手姓氏。从此,牛门地下城中闹鬼的传闻便源源不断。

我第一次走过南桥,是去爱丁堡大学的旧学院参加新生招待会。爱丁堡大学自1583年创立,一直没有围墙,一幢幢学院就这样散落在古城中。旧学院建在大学初创时的旧址上,穿过幽深庄严的大门,来到绿草如茵的四方形庭院,淡抹着一层薄薄的暖日夕阳。酒酣人散时天已黑透,我迷迷糊糊就转到了牛门,感觉像在深谷中行走,两侧逼仄的楼房如峭壁高耸。后来多次走过牛门,也从没碰到任何灵异事件。城中有专门的导览团如Mercat Tour,专门在月黑风高之时,由身披长袍、手持蜡烛的导游带领,从牛门一条不起眼的小横巷钻入地下城探秘,据说"见鬼"概率极高。胆小者如果只想体验一下

难。战败逃亡后,她的宿敌——英格兰女王伊丽莎白一世将她囚禁了18年,最终为了巩固统治、扫清政敌的威胁,将苏格兰玛丽女王送上了断头台。苏格兰女王死前的那句名言"我死即我生"仿佛一句谶语,后来,她的儿子成为英格兰国王詹姆士一世,而苏格兰人桀骜不驯的传统与其对本民族文化的守护,至今仍是不列颠群岛上的不朽光辉。

上图：圣吉尔斯大教堂

牛门的氛围，南桥底下的诸多暗黑系酒吧是不错的选择，如著名的现场音乐酒吧Bannermans，舞台就设在最深处的地窖中，每周日甚至开放给客人唱卡拉OK。在这里高歌一曲也算得上是奇异的体验了。

故地重游，4月花海

在爱丁堡的第一个冬天，我赶上熬夜复习考试，每日上午10点天亮，下午不到3点就天黑，由于总是错过那短暂的几个小时光明，让我一度觉得自己也快变成了不见天日的鬼怪。这里的纬度与莫斯科相近，冬季日照极短，庆幸的是天气并不苦寒，在海洋性气候的照拂下，甚至连草都不会变黄，算是我待过的气候最温和的北方城市了。尽管如此，爱丁堡冬日的萧索、肃穆，依然给人留下难以磨灭的精神印记。英剧《南方与北方》(North & South)中，南部乡间牧师的女儿，遇上北方城市冷峻的工厂主，两人的性格与价值观就像南方与北方一样截然不同。剧中极富象征意义的"北方"就在爱丁堡取景，女主角时常走过一片低矮的山坡，眺望脚下冷色调的城市。如果你在冬日到访，一定要登上王子大街最东端的卡尔顿山(Calton Hill)，尝试在同样的角度感受这座城市深沉的灵魂。

重访爱丁堡我选择了4月。其实五六月是更绚烂的花季，而且更温暖，但4月的美妙，在于一夜之间只要有泥土的地方就会开满黄水仙，从纤弱花茎中迸发出的热烈与耀眼，能将漫漫长冬堆积的阴翳一扫而空。蛰伏已久的爱丁堡人涌入城堡山下的公园里，躺在水仙花毯中晒太阳。如此良辰，怎可无咖啡？穿过马路便是王子街西段的水石书店(Waterstone's)，顶楼的咖啡馆游人罕至，180度视野的落地窗正对城堡，宛若一个广角镜头，本地人会在这里看书、看风景。当日头逐渐西转，高纬度地区特有的金色斜光洒在城堡山上，与水

右图：卡尔顿山野花盛开

仙的金黄融为一色，你可能会在这扇窗前拍下此行最美的风景照。继续沿着王子街（Princes Street）信步往东，能拍到司各特纪念碑（Scott Monument）的哥特式尖顶在黄昏紫色天幕下的剪影。如果你看过电影《云图》（Cloud Atlas），其中最动人的一段同性恋爱故事，就发生在司各特纪念碑的楼顶。由于处在王子街的开阔地带，还能同时俯瞰老城和新城的景致。

徒步山林去看海

过了王子街便是爱丁堡新城。笼罩在老城的光辉下，许多人不知道新城也同属世界文化遗产。"新"只是相对老城而言，其实也有200多年历史了。它可能是欧洲最早的以现代城市规划理念建造的新城区，展现了工业革命时代的理想城市该有的模样——规整、典雅又气势恢宏。对于当地人来说，古城则更多是游人与学生的天下，新城才是他们真正上班、逛街、办事的地方。

即便把新城和老城加起来，爱丁堡仍是一座可以用双脚丈量的城市。这次我打算走得再远一些，从穿过新城的利斯河步道（Water of Leith Walkway）一直走到海边。

步道全长不到20公里，当地人建议我走最精华的后半段。从王子街坐巴士到Dean Village只要几分钟车程，下车后转过一条街，眼前神奇地出现了一个如电影布景般的小村落。沿着窄窄的石板路往下走，便听到了水声，质朴的石桥通往一条枝叶横斜的小径，利斯河步道到了。

爱丁堡是一座山地上的城市，城堡就建在死火山上，道路也是起伏有致。但我没想到，就在城中竟然就有这样一条充满野趣的河谷，如果不是抬头依稀可见楼房和街道，真要以为已经置身山林。沿路不时有心无旁骛的跑步者，连随行的小狗也是

左图：常有当地人登山徒步

上图：死火山上的城堡

目不斜视、久惯此道的样子。又碰到钓鱼的人，身旁的桶中已有两条鳟鱼。沿路经过小教堂的花园，山茶花寂寂开放。穿过大片墓园的绿地，是废弃的火车站台，铁轨上铺满不知名的野花。有几段路必须离开河道，但标示都很清楚，也能很快回到河边，忽见野天鹅扑腾翅膀掠水而过，身姿优美。两个多小时后，我悠闲地抵达了海边的利斯区，利斯河在这个小港口汇入大海。

坏天气宜逛博物馆

连续两日的和煦阳光，让我几乎忘了爱丁堡风雨的威力。雨是英伦三岛的主旋律，紧邻大海的爱丁堡又增添了一项刮大风技能。南桥有家杂货店曾在门口理直气壮地竖了一块招牌：鉴于众所周知的苏格兰天气，本店所售雨伞的质量难以保证。因此在你的行囊里，带一件防风挡雨的长外套方为正道。

这一日雨横风急，想起旅行指南的忠告：坏天气宜逛博物馆。身为苏格兰的文化与艺术中心，爱丁堡最不缺这项高雅的雨天消遣。多年前在布列松纪念特展上，我第一次为"决定性瞬间"着迷，也是在王子街的苏格兰国家美术馆（Scottish National Gallery），我第一次看到了拉斐尔、鲁本斯和塞尚的真迹。掏出手机看看地图，发觉苏格兰国家博物馆（National Museum of Scotland）近在咫尺，却一直没去过，当时只道是寻常，总觉得有去的机会，没想到要到10年后的一个雨天才能成行。像爱丁堡绝大部分博物馆一样，国家博物馆也是免费的。它的入口很有特色，像一个温暖狭长的山洞，一下隔绝了大街上的喧哗与寒意。登上2楼后眼前一亮，铸铁支撑的通透天花板下，是建于维多利亚时代的洁白回廊，玲珑雅致，为了建筑本身也值得来一趟。可能由于合并了几个老博物馆的展品，国家博物馆的布展

左图：苏格兰国家博物馆　　右图：苏格兰国家美术馆

在我看来有些凌乱。但这里的确有一些独家馆藏，比如珍稀的苏格兰野猫和世界上第一只克隆羊多莉的标本、玛丽女王的竖琴，以及薇薇安·威斯特伍德（Vivienne Westwood）从苏格兰格纹中汲取灵感设计的服装。

国家博物馆不远处就是作家博物馆（The Writter's Museum），位于皇家大道。这幢保存完好的石头房子建于1622年，原是一位男爵的居所，极为古朴。博物馆主要纪念的是苏格兰文学三巨头罗伯特·彭斯（Robert Burns）、沃尔特·司各特（Walter Scott）和罗伯特·路易斯·史蒂文森（Robert Louis Stevenson）。后两位或许有些陌生，但罗伯特·彭斯的诗即便在中国也是家喻户晓，人人会唱的《友谊天长地久》（Auld Lang Syne）就是他的作品。皇家大道上另一个有趣的博物馆是童年博物馆（Museum of Childhood），娃娃与玩偶屋爱好者会流连忘返，但《娃鬼回魂》（Child's Play）类电影"受害者"可能会被唤醒童年阴影……

从小酒馆到米其林，品尝苏格兰好滋味

在爱丁堡做穷学生时，我从没正经下过馆子，但酒吧还是去的，这几乎是年轻人夜间唯一的娱乐。就在干草市场（Grass Market）的一所传统苏格兰酒馆中，有同学点了一坨黑黑鼓鼓的下酒菜，告诉我这就是苏格兰国宝Haggis——羊杂碎布丁，外面的包裹是羊胃袋。他慷慨地分了我一口，我也客气地表示："不想再来第二口了。"

就这样，苏格兰料理在我心中被黑了好多年。直到这次重返爱丁堡，认知才被完全颠覆。我竟一直忽略了苏格兰靠海这个事实，而且是北大西洋暖流与北极寒流交汇、渔获极其丰富的北海，各式海鲜与

左图：干草市场周边的餐吧

鲜美的鱼类才是餐厅的主角。此外高地牧场广袤，鼎鼎有名的安格斯牛可不就产自苏格兰！同样是在干草市场，一家叫The Mussel and Steak Bar的店里，我重拾了对苏格兰料理的信心：一打白酒煮苏格兰蓝贝、一份三分熟的高地牛排，轻松的氛围加上平民的价格，让雨天带来的阴霾消失得无影无踪。

由于事先做了功课，在网上预约了位子，我甚至美美地吃了一顿苏格兰风的米其林一星，花了大概260元。秘诀很简单，所有的高级餐馆在工作日基本都提供性价比极高的午餐。Castle Terrace位于同名的街道上，店里装潢也不那么华丽，但小细节很讨喜，比如装餐前面包的篮子是用苏格兰毛呢做成的。午餐含三道菜，坚持都采用苏格兰食材，菜单会随季节更换。我去的时候主菜中有一道"seared wing of skate"，这是一种长翅膀的鱼，叫鳐鱼，来自苏格兰最北端的设得兰岛。煎鳐鱼翅膀配上新鲜的蔬菜沙拉和柠檬汁，口感鲜美而特别。吃甜点时，我发现隔壁桌的点心似曾相识——虽然造型清新靓丽了不少，但依然无法掩盖它是一份羊杂碎布丁（Haggis）！不知米其林里的它会是什么滋味？

城堡下的市集

英国《每日电讯报》（The Daily Telegraph）曾评选过世界上最佳农夫市集，纽约的Union Square、伦敦的Marylebone和爱丁堡都榜上有名。这几个市集我都逛过，私心里觉得爱丁堡更胜一筹，因为风光独一无二，就在城堡脚下。哪怕只是走走看看，享受一下风景与市集中洋溢的轻松愉快氛围，也能让你度过一个原汁原味的爱丁堡周末。这个周六天气放晴，我一路去往农夫市集，发现路上已冒出不少鲜花、水果摊档，俨然有过节的感觉。到了市集，只见广场上整齐地摆好了数十个摊位，还设有供食客休憩的桌椅。跟着拖家带狗的本地人钻到一个个挂着"天

上图：圣诞市集

然""有机"招牌的摊位前，发现不止有蔬果、奶酪、蜂蜜等食材，也有现做的面包、糕点、果汁和炸鱼薯条，价钱十分公道，正是午餐的好选择。还有人直接打包，到附近的绿地上野餐。

饱餐的午后，可以去王子街上的商店消磨时间。如果没有明确的购物目标，不妨逛一下Jenners。不说不知道，这是世界上第一家由私人经营的百货公司，于1838年落成开张，早于伦敦的哈罗德百货。整栋建筑都是保护文物，难得的是内里结构也完整保留了下来，气派的胡桃木回廊与楼梯扶手上的狮子雕刻，都定格在了最辉煌的时刻。尽管与建筑相比，货品已今非昔比、乏善可陈，但位于顶楼的家居部值得一看，富有田园气息的印花餐巾、精致的藤制野餐篮与银质餐具，宛如旧日时光的遗响。如果想找一些新颖特别的东西，无论是书、纪念品还是衣饰，古城中的Victoria Street从不让我失望，据说J.K.罗琳就是从它获得灵感，塑造了《哈利·波特》中魔法世界最繁华的对角巷。别错过街道尽头干草市场上的古董服装店Armstrongs Vintage，一进门那具金光闪闪的古埃及人形棺，以及清楚标明年代、风格、成色的衣服标签，都会让喜欢华丽复古风的人兴奋地低呼"来对了"。

我是苏格兰人，我过自己的节日

如果你使用现金购物，会发现当地人找给你的钱长得不太一样，这是苏格兰自己发行的货币，虽然也是英镑，但出了苏格兰就有被拒收的风险。骄傲的苏格兰人挂自己的旗帜，开自己的议会，节日也沿用自己的名字与仪式。

在爱丁堡，最著名的节日要数跨年夜（当地叫"Hogmanay"）。12月31日的王子街露天派对号称"世界上最大的跨年仪式",当零点的钟声敲响,城堡上空绽放起绚烂的烟火,十几万人齐声唱起"Auld Lang Syne",在苏格兰语中意为"美好的昔日时光",唱到最后一句时,大家不管是否相识,都要把手臂交叠在一起,互相亲吻并大声祝福:"新年快乐!"很多人激动得热泪盈眶。

如果说跨年夜是普天同乐,凯尔特新年(Samhuinn)则是爱丁堡的自留节目。在古凯尔特历中,每年11月1日是新年的开始,在它的前夜要举行盛大的篝火游行,送走夏日,迎接冬天与长夜的来临。我有幸在爱丁堡过了一次凯尔特新年,回忆起来仍如梦境一般。游行是从城堡广场开始的,人们在皇家大道两侧屏息以待,忽然高处出现了火把闪烁的光亮,浑身涂成蓝色、打扮如上古神祇的游行队伍从黑暗中浮现,簇拥着手捧水果的夏季之王,从我们面前鱼贯而过。随后鼓乐大作,象征冬日的恶魔悉数登场,跳起狰狞张狂的舞蹈。游行的气氛开始变得欢乐,演员都非常卖力,手中的火圈舞得虎虎生风。队伍最后在国家美术馆前的广场集结,围着篝火起舞,冬日之王最终打败了夏季之王,远古的新年降临了。

但我最怀念的,还是全城为之狂热的爱丁堡艺术节。整个8月,平均每天有100多场演出,所有人都在赶往下一场演出的路上。当年,我在苦战毕业论文,直到艺术节最后一天,才有机会看一场演出。艺术节的官方手册将那场弗拉门戈舞归类为"世界顶级",而票价相当便宜,场地是学校的一间阶梯教室,只有两位演员,却让所有观众,包括第一次接触弗拉门戈舞的我如痴如醉。当吉他声戛然而止,女舞者双手的最后一次拍掌定格在半空,我忽然意识到如此精彩的时刻是这座城市留给我的礼物。我的生命中,永远地留下了一段美好时光。

苏格兰议会大厦

1997年,苏格兰举行全民公投,要求英国将权力放下,建立苏格兰议会。1999年7月,苏格兰议会迎来了第一次会议,爱丁堡也进入了一个新时代。苏格兰议会大厦在皇家大道的尽头,位于荷里路德地区。2007年,在这座大厦里,以苏格兰独立为长期目标的苏格兰国家党赢得大选,首次当权。

上图: 庆祝凯尔特新年的人

传说，上帝在创造世界之后，还剩下了一片高山、一片森林、一片湖泊、一片沙漠，不知道放在哪里好。于是，他把它们沿着南美洲的边缘细细粘上，智利就由此诞生了。北部的璀璨星空、中部的湖光山色、南端的千年冰川是无数旅行者与冒险家的伊甸园，所以，智利诗人巴勃罗·聂鲁达（Pablo Neruda）说：没有来过智利，就不足以了解我们的星球。

文 卡兹

智利，行在天涯之国

左图：百内国家公园

【秘境】

阿塔卡马沙漠

在世界极旱之地观恒古星河

我穿过玻利维亚西南角的乌尤尼盐沼（Salar de Uyuni），经过三天两夜的跋涉，才到达智利最北部的阿塔卡马沙漠（Atacama Desert）。

这片区域是地球上最荒凉的地区之一，土壤荒瘠，看不到任何生命迹象。"这是我们唯一没有发现生命的地方，是名副其实的死亡之地。"研究阿塔卡马沙漠多年的美国地理学家克里斯·马凯说，"无论在南极、北极还是任何其他沙漠地带，铲起一块土，总能发现细菌，但在这里，你什么都找不到。"原来，在阿塔卡马沙漠里连细菌都是无法存活的。因为地貌与火星相似，连美国宇航局都选择这里作为火星登陆机器人的实验场所。极端的气候也恰恰成就了这里极致的美景。这片区域有世界上海拔最高的间歇泉。如果是在黎明时分走近它，就像进入了一座火山环绕的巨大蒸气浴场。高原上，清澈的天际下，64个泉眼和上百个喷气孔不断地冒着热气，旋转的喷气柱包裹着游人，喷气声和着各种"嘶嘶"的声响。就在泉眼附近，有一片正冒着热气的高原湖，冉冉升起的太阳照得周围霞光万丈，也将翻腾的水汽照亮。沙漠中还有一片区域，亿万年的洪水和风力侵蚀造就了酷似月球表面的地貌奇观，因此，这片区域被地理学家赋予了一个美丽的名字——月亮谷（Valle de la Luna）。当然，能吸引无数旅行者忍受着极端天气、千里迢迢来到阿塔卡马沙漠的，一定是它的星空。干燥无雨的气象环境（一年有300多天是晴朗无云的）与远离城市光污染的地理位置都造就了这里绝佳的观星条件。夜晚，当我举目四望，发现头顶的星星从未像现在这样如此密集。难怪来自星星的都教授都说这里是他在地球上最喜欢的地方。由多个国家合作建造的世界上

左图：阿塔卡沙漠月亮谷的日落

上图：无数人不远万里来到阿塔卡马，只为这极致的观星体验

最先进的天文望远镜ALAM就在阿塔卡马沙漠的腹地,众多天文学家和天文发烧友也在这里搭建了自己的天文台。月黑风高的夜晚,你可以在天文学家的带领下和来自世界各地的追星人围坐一起,用威力强劲的天文望远镜观星,甚至还可以将相机安在望远镜上拍下土星环的照片!天文学家会用指空笔,以浩瀚星空为背景,为你讲授人生中最酷的一堂课。午夜寒意来袭的时候,贴心的工作人员还会为你热上一杯上好的智利红酒,觥筹交错,繁星漫天,何等美好!

圣地亚哥

去中央市场大快朵颐才是正经事

从阿塔卡马沙漠向南飞行2个小时后,我终于到达智利的首都圣地亚哥。它是智利最大、最摩登的城市了,市内既有欧洲风情的殖民建筑,又有世界一流的高档社区,南美最高的摩天大楼、世界级的博物馆、艺术沙龙和精品店都会集于此。当然,如果你刚好像我一样是在世界极旱之地吃了一肚子土之后来到这里,恐怕最惦记的还是该如何抚慰一下自己亏空的胃。

圣地亚哥在美食上绝不会让你失望,这里的中央市场(Mercado Central)曾名列全球十佳美食市场榜单,它位于市中心一栋建于19世纪下半期的老建筑里,里面全是海鲜摊和海鲜餐厅。4300公里的海岸线让这个世界上地形最狭长的国家拥有了品种丰富和数量繁多的海鲜市场,这里的海鲜不仅肥美,价格还非常便宜!

大大小小的餐厅紧邻着摊位,菜品很精致,完全可与高档餐厅比肩。在市场内的任何一家餐厅都能吃到著名的智利海鲜汤,这道菜其实更类似小海鲜大杂烩,把鲍鱼、鱼片、贝类和虾混搭在陶锅里,辅以洋葱、玉米等蔬菜,炖至烂熟,再撒一撮

左图:圣地亚哥中央市场的海鲜摊位

香菜末,香味四溢,让人垂涎。南美生鱼片在智利当然也很受追捧,将新鲜捕捞的海鱼切片,以柠檬汁腌制,这是沿太平洋一线的南美国家(从厄瓜多尔到智利)的招牌开胃菜。

大快朵颐之后,沿着Mapocho河一路漫步消消食,远方是连绵的安第斯山。夕阳西下时,山脉有时会完全变成红色,在粉色的天空下熠熠发光,这时只想感叹一句:唯有美食与美景不可辜负。

瓦尔帕莱索

乘百年缆车拜访聂鲁达的家

如果巴勃罗·聂鲁达(Pablo Neruda)是你钟爱的诗人,那你一定知道瓦尔帕莱索(Valparaiso)。虽然距离首都圣地亚哥仅有一个半小时的车程,但瓦尔帕莱索散漫不羁的天性与圣地亚哥这个光鲜的绅士显然相去甚远。聂鲁达有着对这座城市最好的描述:"多么荒谬的瓦尔帕莱索,你从来不梳理你的头发,也没有任何时间打扮,生活总是让你感到惊讶。"诗人厌倦了在圣地亚哥的生活后,搬到瓦尔帕莱索安静地生活和写作。在这里,他创作了许多流芳百世的诗篇。无数的诗人、画家一直为这个热情的港口城市所吸引,使它成为智利波希米亚文化的发源地,而定居于此的水手与蓝领工人则赋予了瓦尔帕莱索坚韧不拔和优雅的野性。错落的山脉、迷宫似的陡峭而蜿蜒的街道、两边堆叠着破旧老宅的小巷和台阶,无不给瓦尔帕莱索增添了惊人的复古之美。

19世纪中后期,航海交通发达,大小船只若想穿越大西洋和太平洋,就必须经过麦哲伦海峡这条天然航道。处于麦哲伦海峡北岸的瓦尔帕莱索,因而成为国外船只中转停留的地方,为这个港口城市带来了无限的繁荣。因此,这里是整个拉美最早的证券交易所所在地,并拥有智利首

右图:聂鲁达的插画肖像

上图：瓦尔帕莱索的百年缆车连接着山间的路

下图：这里也是户外爱好者的天堂

个非天主教教堂、首家公共图书馆,以及全球最早的西班牙文报纸。在巴拿马运河开通之后,美洲西海岸通向欧洲的绝大部分船只改变了航线,瓦尔帕莱索从此失去了美洲太平洋沿岸主要海港的优越地位,城市的发展史似乎在那一年形成了断层。商人们纷纷离去,却留下了许多重要的遗产,穿梭于山城间的多条缆车路轨便是其中之一。在1883年开通的缆车中,有不少因地震和海啸停运或移除,但目前仍有16条尚在正常运作,这种在其他地方只会出现于旅游景点的古董设施,在这里却是名副其实的公交车。稀有的钢索铁道缆车群会带你登上山丘或是穿过蜿蜒小巷。夕阳西下,当你在褐黄色的木质车厢内随轨道缓缓上升时,你会看到整座山城的每幢彩色房子都同时浸在一片金色的余晖中……此情此景,让人又不禁想起诗人说过的话:"这是一座向天上延伸的城市。"

普孔

比亚里卡火山的冰与火之歌

我搭乘的长途大巴在智利狭长的国土上一路往南行驶,到达中部湖区小镇普孔(Pucon)。

这里是首都圣地亚哥人最钟爱的度假地。广阔的群山环绕着原始的自然之地,其间被溪流、瀑布、草甸、南洋杉森林和高山湖泊装点着。这里的河水格外清澈,你甚至可以数出鱼的腮腺,正在你看鱼鳃的当口,那鱼说不定就会跳出水面,打破四周的宁静。而片刻之后,四周便又回归于祥和。

对于热爱大自然,爱好运动、冒险和钓鱼的人们来说,普孔简直就是极乐园。穿过草木繁盛的山谷,路旁到处是温泉。夜里,当你在山间泡澡时,甚至会发现头顶上的麦哲伦星云,这是银河以外的另一条星系。

别忘了，这里还有火山。有一座名叫比亚里卡的火山（Villarrica volcano）隔三岔五就会喷出吓人的黑烟，而这恰恰使普孔的魅力大增。在智利的安第斯山脉科迪勒拉省（Cordillera）有2000多座火山，其中约90座火山一直维持活跃的状态，而比亚里卡火山正是智利最危险的火山，也是地球上少有的永久性活火山。每当这座怒气冲冲的火山爆发后，都会改变周遭的所有边界。而普孔人一直气定神闲地生活在这里，旅行者们也并没有望而却步。比亚里卡火山口翻滚的岩浆以及覆盖在其顶部的30平方公里的冰川，以一种神奇的力量召唤着不安分的家伙们前来一探究竟。事实上，攀登这座火山并不困难，在专业向导的带领下，6个小时便可越过雪线，登上海拔2860米的峰顶。以冰镐、头盔、雪鞋全副武装的人们还在向着火山的方向进发，他们成群结队，像开派对一样，因为他们将见证人生中最兴奋的时刻之一：在冰雪之中亲眼目睹火山口深处的岩浆在脚下翻滚。

奇洛埃岛

奇异的木质教堂与精灵传说

再向南就来到奇洛埃岛（Chiloe Island），这是一座漂浮在巴塔哥尼亚（Patagonia）北部海面上、远离智利本土的岛屿。在这座遗世独立的沿海岛屿上，泛美公路是唯一穿越它的柏油路（其他道路只是一些沿着山脊蜿蜒迂回的土路）。奇洛埃岛是南美洲的第二大岛屿，当地人十分善于在水上用木头搭建高脚屋。当年，西班牙殖民者到来后，传教士们开始向这里的居民传教，他们利用当地特有的建筑技巧，在这一带修建了150座精美绝伦的木质结构的教堂（这些木质教堂甚至连板材的连接处都不用铁钉加固，而是使用了一种木楔子），其中的16座在数百年后的今天成为吸引全世界游客的世界文化遗产。

达尔文曾经于1834年来到这里，在他的《小猎犬号航海记》（*Voyage of The Beagle*）中，他说这些木质教堂"看上去像

右图：奇洛埃岛上的木质教堂

盒子一样"。无论是漆成淡黄色、粉红色与深紫色的新哥特式尖顶的卡斯特罗大教堂（Castro Cathedral），还是码头一带颜色各异、造型如倒置船舱的小教堂，都有别于世界上任何一类教堂的风格。

奇洛埃主岛的周围有无数小岛，彼此间水路连通，仅有的交通工具就是船。奇洛埃人是天生的水手，也是好渔民，沿袭着划船竞技的传统。也因为捕鱼的传统，奇洛埃人的信仰多与海相关，当地人笃信奇洛埃是神秘力量统治下的魔幻岛。相传在夜晚航行时，乘着月光，一艘纯金的帆船就会降临，船上载着精灵。如果你是个好水手，让精灵爱上你，就会享有一生都用不完的好运。如果你惹精灵厌恶，你的船将沉没于大海深处，而你也将消失在夜雾里，再也回不来。听岛上老一辈的人说，外地人来到奇洛埃，如果中了魔法，就会忘记外面的世界，只想一生一世在这幻境丛生的仙岛上同精灵吟唱对酌。

百内国家公园

举目间皆是旷世美景

从奇洛埃岛搭上邮轮穿越地质复杂如迷宫的巴塔哥尼亚地区，一路上都是星罗棋布的岛屿，时有险峻的礁岩或是原生的丛林。这个地区常年寒冷多雨，人烟稀少，有些岛屿的居民仅有十几人。一直向南去，邮轮在冰山间穿行，白色冰封的海水之中，巨大的冰山耸立于身旁。旅程的终点是个挤满背包客的渔港小镇，这是整个南巴塔哥尼亚地区最有人气的地方，来自世界各地的旅客穿着五颜六色的户外冲锋衣，背着巨大的登山包准备前往这片大陆，甚至是这颗星球上最壮观的国家公园。

在许多人眼中，位于南美洲大陆最南端的巴塔哥尼亚高原，有的只是无边的旷野。然而很少有人知道，就在高原的腹地深藏着一片广阔天地，那里有蔚蓝的湖泊、蜿蜒在繁花丛中的小径、翠绿的森林、潺潺的小河、河上摇摇欲坠的小桥，

上图：雪山下的羊驼

以及一座巨大的、泛着蓝光的冰川……目之所及，皆是旷世美景。可以说，这片美地几乎可以满足任何旅行者对美景的憧憬。而它，就是百内国家公园。公园像是从巴塔哥尼亚荒原上拔地而起一般，高达2000余米的花岗岩山体正是这里最大的亮点。在这些凌厉的山体中，最显眼的是3座石峰，叫作"百内三塔"，它们的高度几乎一样（约2500米），依次排列，非常雄伟。1.2亿年前，炙热的岩浆从地下涌出，穿过地表厚厚的沉积岩，冷却后形成的花岗岩石覆盖了巴塔哥尼亚高原。冰川扫过，侵蚀带走大部分岩石，却留下这"百内三塔"屹立其上。关于"百内三塔"，最早的描述可以追溯到1880年，出自一位名叫蒂克西的英国女作家撰写的《穿越巴塔哥尼亚》。有人认为，蒂克西是最早踏足巴塔哥尼亚的外国游客，当时这里还是一片遗世之地。他们一行五人纵马、打猎、野营、登山，还遭遇过荒原大火，穿越了很多从未有人涉足的高山与河流。当他们第一次见到"百内三塔"时，每个人都激动不已。回国后，蒂克西在书中描写道："红褐色高耸入云的3座石峰与古埃及的尖方碑像极了，它们与周围的景观相比是如此突出，绝对超群绝伦……""百内三塔"给蒂克西留下了深刻的印象，以至于很长一段时间，她还梦见自己在这3座并列的石峰下追逐鸵鸟。

纳塔莱斯港

巴塔哥尼亚式的牧场体验

游走在巴塔哥尼亚这片崎岖的美景中，大风让我的鼻子塞满尘土。19世纪末到20世纪初，发达的牧羊业吸引了成千上万的人搬到巴塔哥尼亚高原。所以，纳塔莱斯港（Puerto Natales）不仅是通往百内国家公园的门户，也是智利高乔牧羊人的家乡。由于地处交通要道，便于出口

右图：巴塔哥尼亚牧场的高乔牧羊人

贸易，港口周围聚集了许多大大小小的牧场。20世纪30年代至70年代正是绵羊养殖业的蓬勃发展期，巴塔哥尼亚的1600万头绵羊中，有700万头都来自于纳塔莱斯港周边的一千多座庄园。后来，绵羊业开始走下坡路。1991年，胡德森火山爆发，在大风的助长下，数百万吨的火山灰在一个星期内覆盖了从安地斯山到大西洋沿岸的大片区域。火山灰堵塞了绵羊的饮水处，整个巴塔哥尼亚损失了超过半数的牲畜，这使得绵羊养殖业完全无法复原，加上之后羊毛热潮减退，许多庄园遭到荒废。尽管驯服野马和驱赶羊群对高乔人来说轻而易举，但熬过放牧业的寒冬就比较难了。如今，大部分的庄园要想支撑着经营下去，都要靠发展观光业。

纳塔莱斯港周边的牧场会定期举办马术竞赛，高乔牧羊人穿戴起经典的贝雷帽和被称为"彭巴恰"的宽松裤子，还有象征他们历久弥坚文化的皮套索，向游客们展示他们在马背上高超的技巧。我骑上高头大马，跟着他们去往旷野深处的牧场，然后，令人意想不到的情景出现了：在宁静孤寂的荒原上，竟然隐藏着一个人声鼎沸、灯火通明的餐厅。这餐厅就像一座绿洲，驱走了空旷所营造的失落感。入夜，大家围坐在壁炉前谈论着巴塔哥尼亚到底是怎样的一种存在？这时身边的高乔人会挥舞着一块滋滋作响的羊排说："巴塔哥尼亚啊，就是可以吃到这美味羊排的地方！"

蓬塔阿雷纳斯

穿越麦哲伦海峡去往人类最后的疆土

智利从北往南被划分为12个行政区，蓬塔阿雷纳斯（Punta Arenas）就是第十二区的首府，也是智利最南端的城市，这里被智利人傲称为"世界尽南之城"。在巴拿马运河开通之前，往来于欧洲和美国西海岸的船只必须绕道整个南美，

左图：纳塔莱斯港

上图：火地岛是帝企鹅除南极洲之外的唯一聚集地

而蓬塔阿雷纳斯就是必经之地。曾经赶往加利福尼亚演出的乐队、歌剧团、马戏团等，都会先在蓬塔阿雷纳斯试演。城市不大，从市区西端的高坡到东面海滩，只有十几个街区，最热闹的地方位于中心广场麦哲伦的铜像下。1520年，进行环球航行的麦哲伦船队停泊在这里，发现了一条连接太平洋和大西洋的航道，这就是后来以他的名字命名的麦哲伦海峡，蓬塔阿雷纳斯所在的大区也被称作麦哲伦大区。铜像是1920年为纪念麦哲伦环球航行400周年而建，他昂首挺胸，脚下踩着一尊大炮，大炮底下有一位印第安原住民赤足而坐。由于接近酷寒的南极，这里一年到头都刮着强劲的风，所以，当地原住民也有着强壮的体魄。当麦哲伦一行踏上这块土地时，曾戏称当地人为大脚汉（Patagon），这正是巴塔哥尼亚（Patagonia）名称的由来。据说当年铜像铸成后，有一个不成文的规矩，凡是第一次穿越麦哲伦海峡的水手，一定要来叩拜这位赤脚原住民，并虔诚地亲吻他的大脚趾，如此便能获得神佑。如今，这只大脚趾被无数真真假假的水手吻得锃光瓦亮。

站在蓬塔阿雷纳斯的海岸上，眼前的浩瀚波涛就是麦哲伦海峡的水域了，视线越过海峡，可隐约看到对面的火地岛，那里是世界上除南极大陆以外最南端的陆地，也是南美洲大陆最南端的岛屿。你可以乘坐舰艇越过麦哲伦海峡去对岸寻找冰川或是企鹅，或是忘记乌斯怀亚（Ushuaia），去威廉姆斯港（Puerto Williams）看看，它才是人类所能居住的最南端，再往远处便是没有人烟、被茫茫冰雪覆盖的南极大陆了。

左图：在蓬塔阿雷纳斯遥望麦哲伦海峡　　右图：登陆帝企鹅岛

每一次旅途，都是一次逃离。钢筋水泥丛林之外，不乏青山绿水之地，但什么才是真正的自然？在非洲大陆的南端，南非最大的克鲁格国家公园一隅，没有豪华营地，只有为了野生动植物而活着的人们；没有围栏，只有可遇而不可求的自然生灵。

文 Cookie

南非克鲁格公园

——人与自然，不要围栏

右图："大猫"的凝视

【野外】

与众不同的营地

从上海飞香港,再从香港飞到地球另一端的约翰内斯堡,之后继续驱车6个小时,我们终于到达克鲁格国家公园。千里迢迢,我们要去的究竟是个怎样的营地?

很多人已经在东非领略过稀树草原的魅力,住在殖民地风格的豪华酒店里,天天待在车上体验游猎,以高高在上的眼光看待着眼前的一切生灵。野生动物在"表演",我们在观看。它们跟我们有什么关系?一草一木究竟如何生长?我们无从了解,而潜台词是:与我无关。

眼前的这个营地很不同。参天大树掩映,灌木林立周围,十几座架高带露台的大帐篷呈时钟状围成一个营地。没有任何围栏,没有日夜巡视的守卫,没有手机信号,也没有电。都市人看到这些,恐怕已经大叫起来,没有网络和电力的世界如同火星沙漠,这可叫人怎么活下去?然而事实证明,你可以活得很好,比城里更好。清晨,把鸟儿的歌声当作闹钟;穿上厚底鞋,跟着向导追踪动物的痕迹;坐上越野车,一路飞奔锻炼自己的眼力;在金合欢树林边看一场夕阳西下,惬意地喝上一瓶啤酒;夜里,一双双闪光的眼睛在告诉你它们是谁;围着篝火的夜,原汁原味的烤肉之外,还有真诚的相谈。没有信号,让我远离朋友圈真真假假的消息,用双眼和双脚感知自然万物;没有电力,让我立刻懂得资源的宝贵,学会取舍。我不是游客,我成了大自然的一部分。

这就是南非生态训练营,如今已经进入第24个年头。他们在南非已拥有了3处营地,并扩展到了博茨瓦纳、津巴布韦甚至肯尼亚。营地不断与有经验的向导合作,推出了一系列专业的自然培训课程,培养了约1万名自然向导(Nature Guide)。

作为创始人之一,南非生态训练营的

必带物品

1. 在南非需要做好防晒工作,宽檐帽、太阳镜和防晒指数50+的防晒霜是必备品。同时需要带好个人洗漱用品和毛巾。
2. 在营地的穿着最好是大地色,不要穿戴艳丽的服饰。
3. 因为电力供应有限以及有很多可拍之物,因此相机电池和存储卡多多益善。

董事总经理Anton说:"自然向导是自然的引领人和保护者,也是游客的翻译和最诚实的东道主。营地不仅致力热爱和保护自然,更关注人与自然的关系。"难以想象,他是从一个狩猎者(南非有合法狩猎项目)转变为保护自然的先锋,也正是这种转变,才让营地成为全世界闻名的自然向导训练营。

2014年,几个同样热爱自然的中国年轻人把这个营地介绍给了中国旅行者,南非生态训练营特别推出了7天的短期学习课程,才让我们有机会来到这样神秘而充满野趣之地。

徒步游猎的心跳

Safari,游猎,并不是新鲜词,非洲大陆的动物密集处都有这样的项目,是指四处寻找动物们的足迹。用400mm的镜头打望就够了?不,野外徒步才是真正了解自然的开始。清晨出发徒步前,向导们总是特别认真严肃。一个主导(Instructor),一个副导(Back up),分别拿着一把铮亮的来福枪,在我们面前装上子弹,然后宣布丛林法则:两名向导在前,队员排成一字在后;不要交头接耳,保持安静;听从向导的一切安排,停下、退后、继续,都要依手势而行;不能擅自离队,发生情况要先报告。最关键的一点:Never Run! 遇到任何情况不要跑,这是丛林生存第一重点,只要一跑,就暗示了"你是猎物"或"你是弱者"。

徒步能最大程度接近自然,但行走引起的声响容易让野生动物警觉,所有通常只能远远望着它们。但最大的好处是,可以看到动物的脚印。

每个向导都如同福尔摩斯附身,能通过细腻的泥土辨别此地有谁来过,又发生过什么。花豹、斑鬣狗和狮子的足迹都长成什么样?狒狒也和人类一样拥有指纹

右图:狮子的脚印

上图：夕阳下的"非洲五霸"剪影　　左图：一头大象迎面走来

吗？根据大象两个脚印之间的宽度，可以知道这头象的高度，根据长颈鹿的足迹，甚至可以地上画出它大致的样子。讲完一堆足迹后，向导忽然掏出一包白色粉末，和上一些水，倒在清晰的花豹脚印中间，走了一圈回来后，一个个石膏拓成的脚印就成了最好的纪念品。

走累了，向导会把我们带到"Impala's Coffee Shop"——黑斑羚的粪便堆积处。一群黑斑羚会在一个地方排便，据说这是他们的社交方式，借此获得同类信息。向导随手捡了一粒便便，圆圆的，干干的，然后直接放进了嘴里！我们几乎石化，这是要吃吗？只见他向后一仰再用力往前，一口吐出了羚羊便便，原来这是当地人爱玩的一个游戏，比谁吐得远！大家都面面相觑，但真的把便便含进嘴里时，发现它一点不臭，只有一股淡淡的青草味道。这个游戏成了徒步游猎期间的轻松一刻，连上了年纪的同伴也乐得玩上一把，或许是我们都沉迷于电子游戏太久了，已经忘了单纯的开心玩乐是什么滋味了吧。

那一晚，在Makuleke社区的边界上，我们进行了最后一次徒步，向导把我们带去一座桥上观星。正在大家轻声谈笑之时，他忽然停下来侧耳聆听，把手指放到嘴边示意我们安静——河的两岸有两个此起彼伏的低沉吼声。他低声说，那是两头雄狮在对话，好戏在后头。我们立即悄然上车，循声而去。不久后，我们的车追踪到一头年约5岁的雄性狮子，正在草丛间漫步。这是那一年在Makuleke出现的第一头狮子！

晚上我们点起篝火，大家轮流值夜，天当被子地当床，你猜不到谁在夜间光顾，早上起来总能收获满满的惊喜。如果在1月到3月去克鲁格的另一个营地Karongwe，还可以在野外的岩石上露营。

我们追过的自然

面对野生动物安全吗？就算是Big Five（五大兽：非洲象、非洲狮、花豹、犀牛、非洲水牛）也不会轻易主动攻击你。相反，因为遭到长期猎杀，犀牛只要听到风吹草动就会立刻掉头。在南非乃至世界各地，最容易袭击人、伤害人的是人，最容易袭击动物、伤害动物的也是人。与自然万物接触，无非是理解和尊重，在营地这样自由的生态环境里，更让人体会至深，也会为此深深感动。

Makuleke是丘陵地形，观赏动物的乐趣更多是在于寻找。黑斑羚因为屁股上的M形黑斑被称为"狮子的麦当劳"，它们常常成群结队出现在营地。雄性大捻角羚的角每两年外旋一次，在灌木丛中高高升起缓缓移动。平原斑马站在枯黄的草丛之中，竟有了一种油画的质感。我来这的季节，正有一群大象在营地周围聚集，常常可以听到它们交流时发出的各种声音。有一次，我们的车在转弯之后恰好发现一头大象在车辆前方。它察觉到了我们，十分紧张，尾巴立刻向上竖起。向导告诉我们，它不知身后是什么，是不是对它有威胁，只要让它看到我们就好。他一踩油门到了大象身旁停下，它果然平静下来，转过身子将长鼻子伸到车边嗅了又嗅。要知道陆虎改造的越野车就是全敞篷加几个架子而已，象鼻热乎乎地在身边滑来滑去，我们几乎都要凝固了。终于它收回了鼻子，走向丛林。显然，它只是好奇，并无恶意。这是我跟大象的第一次亲密接触，不，是无限接近，我们不能主动触摸任何野生动物。

虽然克鲁格的北部山地动物数量并不算多，但这里拥有国家公园里最美丽的林子，七八月份，Makuleke社区路边的可乐豆树（Mopane Tree）正处于红黄相间的好时节。一路行车，一路见它们在阳光下闪闪发光。可乐豆树的二叉叶像极了翩翩起舞的蝴蝶翅膀，它的蛋白质含量很高，食草动物在找不到食物的时候，也能以这种

右图：紫胸佛法僧

上图：犀牛母子同行　　下图：一头豹子趴在树上

叶子为生。爱吃树叶的Mopane毛虫则进入了当地人的菜单。巨大的猴面包树已经落光了叶子，四下伸展的枝桠看起来总有一种魔力，在日出和日落时，有了它们作为背景，照片就变得生动起来。

树林之间藏着好多飞鸟，单是营地中午打水时，小小的水池就能吸引不少鸟类。我们最爱的当然是紫胸佛法僧。这种美丽的七色鸟被好几个非洲国家定为国鸟，它常常站在枝头向远处凝望，当它张开翅膀的时候，你会被它闪亮的羽毛划出的蓝色弧线惊艳许久。

在生态训练营地，我们并不以猎奇的心态看待自然，每一株花草，每一棵树木，从蚊虫小鸟到五大兽，从粪便到足迹，都是整个生态系统的一部分，与我们息息相关。

无所不能的向导

如果不是来到南非生态训练营，我们不知道这个世界上还生活着这样一群人——他们对自然万物的丰富知识令人称奇，随手拿起一株小草、一小撮土壤也能给我们讲上半天，每天中午都准备了丰富的讲座，连菜鸟都会觉得有趣。他们热心服务，是我们和自然之间的桥梁，也是我们的活字典、活地图、活的鸟类图鉴……甚至是瞬间把大家逗乐的"活宝"。如果你看到一个向导在你面前只花几步就"噌噌噌"爬上了克鲁格里最大的猴面包树时，只会想一个问题：我们真的都是灵长类动物吗？一名合格的向导是怎样炼成的？既然来到这个"魔鬼训练营"，他就必须投入无穷无尽的学习之中。只有通过了考核，才能进入Back up（实习生）的角色，必须要服务1000小时之后才能升级。向导又分成General Guide和Trail Guide。General Guide一般只能走开车的路线，而Trail Guide则可以开车或丛林徒步。Level 1的学习就需要全脱产55天。从Level 2到Level 3往往需要四五年。级别越高，需要的时间越长，考试的难度越大。除了有关

观赏动物的注意事项

1. 在国家公园乘车观赏动物时，听从司机和导游指挥，不能随意下车和打开车门。徒步游览更需要一切行动听指挥。

2. 千万不要触摸和喂食任何野生动物或逗弄野生动物。

3. 在国家公园避免大声喧哗、接听电话、随地扔烟头，及其他可能对野生动物生存环境造成影响的不良行为。

4. 不要在野外留下任何痕迹，便后纸张也要带回。营地实行垃圾分类制。

自然的知识，还需要对当地的文化有深刻的认识。

"鹰的眼睛，狼的耳朵，熊的力量，豹的速度"——动画片里出现的英雄竟有了现实版。生态训练营创立之初就在这里的Graham，始终都放不下这片丛林。20多年前，他就作为年轻的向导为一部野生动物纪录片的拍摄照顾两只年幼的花豹，在南非低地丛林地区和两个小家伙一同生活了一整年，最后将它们送到赞比亚的南鲁昂谷进行了野放。在训练它们熟悉野外生活的同时，他也遇到包括被狮子盯上这样的惊险事件。我们回来后在网上找到了他的这本书——*My Life with Leopards*。他在营地时，跟我们分享了如何接近家附近的一群狒狒，然后获得它们信任的故事。说着说着，他忽然对着边上的大树发了一声奇怪的声音，立刻得到了几声回应。

看起来很严肃的Vaughn，内心其实很柔软。有一天中午讲座时，他谈到了犀牛，不知怎么讲到激动之处竟然热泪盈眶。他说，你们能不能拜托那些人，再也不要杀害犀牛了！亚洲一向是犀牛贸易猖獗之地，南非政府虽然已经制定了严格的法律来控制，但每年南非依然有上千头犀牛遭到杀害，很多动物保护组织不得不出此下策，事先将犀牛的角锯下来为它们保命，但是这也让它们丧失了尊严。

每个向导都有自己的个性和专长，有的善于观鸟，有的善于找兽，有的喜欢翻开石头找到在紫光手电筒下呈现蓝色的蝎子，但他们绝对都是文艺青年。他们会把午餐带到一个风景极美的地方让大家用餐，比如与津巴布韦交界的界河林波波河，比如在山间的制高点。一边看着大象洗澡，一边喝着美味的苹果酒Savana，人生夫复何求。回到营地，没有任何现代娱乐节目，大家可以围着篝火在南半球的满天星斗之下聊聊各自经历的有趣故事，向导们也会聊起他们的未来。他们所困惑的，是继续留在丛林，还是回家享受天伦之乐。

注意事项

1. 因为温差关系，穿衣最好用"叠穿法"。乘车观赏动物时风会比较大，要注意保暖。
2. 当地气候干燥，建议多吃水果多饮水，并使用保湿护肤品，防止皮肤干燥。
3. 南非与中国时差为6小时，北京时间中午12:00相当于南非当地时间早晨6:00。
4. 南非官方语言为英语，在南非生态训练营的向导全程用英文讲解。
5. 在大城市的正规商场和部分酒店，国际信用卡基本通用，接受Visa和MasterCard信用卡。在约翰内斯堡机场，已经有免税店接受银联卡。
6. 南非货币为兰特，与人民币汇率约为2.47：1，即1元人民币＝2.47兰特。
7. 南非使用独特的三相大圆插头，一般国际转换插头并不适用，需要另外购买。在生态训练营建议带接线板，以便及时充电。

上图：非洲水牛

巴勒莫是西西里大区的首府，所处的两山之间的盆地人称"金盆"（Conca d'Oro）。我想起那座城市时，眼前总浮现一片金色，可能因为阳光直射亮度饱和，可能因为橘园里繁星点点的果实，也可能因为那些宛如金色天国的拜占庭式教堂。很多西西里人不喜欢《教父》——"好像我们只有黑手党似的！"

此话有理，比教父更传奇的故事在巴勒莫的街巷中正日复一日地上演。

文 毛樱桃

巴勒莫的骨肉

左图：世界遗产，巴勒莫大教堂

【历史】

街上长大的国王

早在去西西里前几年，我每隔一段时间就会在意想不到的地方与一个名字相遇——腓特烈二世。最早听到这个名字，是源于一些鸟类学家一再提及的一部大书，名为《以鸟捕猎的艺术》(*De arte venandi cum avibus*)。作者是与成吉思汗同时代的西西里国王，它的羊皮手抄本至今收藏在梵蒂冈图书馆，几百幅精美插图被一些学者认为是腓特烈手绘，书中有一半篇幅描述了作者一生所见的鸟类——从西班牙到印度，从冰岛、不列颠到北非。在一个主流媒体聚焦于天堂与地狱，哲学家们讨论针尖上能有几个天使跳舞的年代，这个人用精准的测量与实验探究了鸟类的生态、习性、解剖，以及羽毛硬度与振翅频率是否有关联，又或是猛禽靠嗅觉还是视觉来分辨猎物等问题，难怪很多历史学家视这本书为西方实验科学的开端。

后来，我又在一本生理学科普读物中看到过他做的一些匪夷所思的实验：为研究最早的语言，他将几个新生儿与世隔绝，给他们创造了只有食物而没有人类交流的环境，想看他们日后说希腊语还是拉丁语，结果孩子们还没学会说话就纷纷夭折了……时至今日，这个科学疯子在西西里的人缘似乎还是不错：我们在这认识的第一个小孩名字就叫"Federico"，小名"Fefe"，我问那对年轻父母是不是照老国王取的名，他们笑着承认。

到达巴勒莫时已是11月，正值丰收的季节，我们做的第一件事就是去逛La Vucciria菜市场。茴香、洋蓟、仙人掌果、各样香料、牛肉、羊肉、马肉、黑白条纹的鲭鱼、血红的金枪鱼、大树桩般的鱼段以及剑鱼鱼头……遍布这个真正的街市。卖菜的大多是年轻小伙子，元气充沛得吓人，炸雷似的吆喝声此起彼伏。菜摊随弯弯曲曲的街道伸向四面八方，上方是

腓特烈二世
Frederick II
1194-1250年

腓特烈二世的母系族是征服了西西里的诺曼人（Normans），父系家族是日耳曼的霍亨斯陶芬王室（Hohenstaufen）。他从小没有亲人，传说在巴勒莫吃百家饭长大，18岁只身赶赴日耳曼，几乎单枪匹马从强敌手中夺回家族王位，26岁加冕神圣罗马帝国皇帝，31岁加冕耶路撒冷国王。一连串让人难以置信的好运气加上自身渊博的学识为他赢得了"世界奇迹"（Stupor Mundi）的绰号。

左图：琳琅满目的蔬菜摊　　右图：剑鱼的头

一个由清真寺式样改成天主堂风格的彩色穹顶。这样的菜市场至少已有七八百年历史，它像八爪鱼一样能伸能缩、变形变色，还会冷不防地给你一个惊喜或者下马威。

我忽然又想起了腓特烈，那个没受过一天正规教育的野孩子，三岁没了爸，四岁没了妈，从小在巴勒莫热闹的街巷中流窜，成长为精通七种语言、好奇心覆盖万事万物的学者和君王。在我想象中，那是一段类似《从文自传》所描写的童年：有学不愿上，有家不愿回；每天从早到晚在市场上看铁匠打铁，看屠户杀牛；学习怎样把稻草竹条捣浆造纸，又如何从堆积如山的桐籽中榨油；看建造船只，看烘焙火药；学黑话野话，学游水赌博……诚然，13世纪的巴勒莫与沈从文所处的湘西截然不同。彼时新大陆还没有被发现，地中海仍然是西方世界的中心。作为北门锁钥的西西里，已相继被东边的拜占庭、南边的阿拉伯世界和北边的诺曼人所占领，古希腊罗马的遗迹也还随处可见。论语言文化人种之多元，巴勒莫堪称当时的曼哈顿——养蚕的犹太人，烧陶的阿拉伯人，拼马赛克画的希腊手艺人，热那亚、比萨、突尼斯的商人，准备去中东赴死或发财的西欧骑士，以及会讲地中海周边所有语言的学者——咸集于此。腓特烈一生奔波，在巴勒莫待过的年头不长，但这座城市永远是他的心头至爱。大抵因为成长于斯，他可以与不同背景的人无障碍交流，甚至能够说服穆斯林平分耶路撒冷。历届十字军东征都是一幅你死我活的场景，唯独他靠外交手段兵不血刃地完成任务，甚至还与谈判对手结下了友谊。他的穆斯林"敌人"给他送过鸵鸟蛋、天文学著作以及非洲和印度次大陆上特有的禽类，而他也毫不吝啬地回赠过一头北极熊。

不羁的姥爷

历经法国西班牙奥地利的王朝和"二战"的狂轰滥炸,腓特烈儿时游荡过的巴勒莫尚有一小部分奇迹般地保存至今,顽强地成为这个城市最惊艳的所在。在菜市场吃过炸鱿鱼、炸鹰嘴豆面片、炸裹洋蓟的油饼后,我们沿维托里奥·埃马努埃莱大道(Corso Vittorio Emanuele)向西直走3里地,就到了现为西西里议会大楼的诺曼宫(Palazzo dei Normanni)。这里最早的主人是腓特烈的姥爷罗杰二世,爷孙俩虽素未谋面,然而腓特烈的心胸、眼界和好奇心与姥爷一脉相承。皇宫从成吉思汗的年代持续使用至今,样貌已然大变,但内里的帕拉提纳礼拜堂(Cappella Palatina)历经800年却依然光艳如初。

我事先查阅了资料,有了心理准备,然而一进去还是被震撼得说不出话——这样一个从地板到天花板,每一寸表面都精心装饰过的空间,确实要适应一阵才能找到头绪。花式复杂的地板由五种颜色的大理石切割拼贴而成,高大的石柱不知是从希腊还是罗马遗迹中回收利用的,金色墙面上装饰着用彩色玻璃镶嵌的马赛克画……这与后世欧洲皇宫中盛行的繁复巴洛克乃至轻浮的洛可可式风格大相径庭。中世纪的这种风格用心至诚,选择最纯最正的颜色和最稀罕最笨重的石料,不怕麻烦,不计代价,连每一级台阶的立面都用小块大理石拼出细碎美丽的图案。那时的西西里不可谓不富裕,12世纪巴勒莫一城的税收甚至抵得过整个英格兰,要知道那时的英格兰同样由精明的诺曼人统治,产羊毛、产银子,新城镇数以百计地拔地而起,绝不是穷乡僻壤。

不过,富丽堂皇并不是这座小教堂的最大特点。罗杰祖上是北欧的诺曼人,生活在文明历史不长的地区,似乎人的脑子里教条也少一些,比如第一次十字军东征中

罗杰二世
Roger II
1095-1154年

1130年加冕西西里国王,统一了西西里岛和意大利南方(合称两西西里),以对异教和异族宽容著称。在他任期内,西西里成为多民族杂居的文教昌盛之国。他的遗腹女康斯坦斯在40岁高龄生下独子腓特烈二世,所以这对极为相似的爷孙素未谋面。

上图：诺曼宫中的马赛克壁画

的诺曼骑士就从不参与那些宗教狂热分子跳大神似的闹剧。帕拉提纳礼拜堂就有这种蔑视教条的不羁风格：分明是一座天主堂，却拥有拜占庭式的内殿和穹顶、拉丁式的中殿和侧廊、蠢萌的罗曼式雕塑和妖艳的阿拉伯吊顶——这种组合堪称天下无双。中殿的吊顶尤其值得一提，钟乳石似的木雕天花板上包含了无数蜂巢般的小小洞穴，极大扩张了顶棚可以作画的表面积。最有趣的是，四周墙上马赛克画的都是旧约里"吃苹果万劫不覆"或者"回头变成盐柱"这类悲惨的故事，中间的天花板则画着一群饮酒作乐的阿拉伯人，让人不禁怀疑当初的阿拉伯施工队跟意大利施工队是不是语言不通、各干各的。

卡普奇尼骸骨

类似所谓"阿拉伯-诺曼"风格的建筑主要集中在巴勒莫城里和周边，大多是教堂，每一座都极美。其中唯一一座非宗教用的城堡齐萨宫（La Zisa），位于城西的一个清静地方，如今内部已改为伊斯兰艺术博物馆，建筑风格极具特色。那天我们匆匆观赏了伊斯兰艺术品后，脚下生风赶往邻近的卡普奇尼地下墓穴（Catacombe dei Cappuccini；卡布其诺咖啡以形似此派修士的小尖帽而得名）。墓穴保存着17世纪以来的几千具干尸，多为当时的王公贵族，着生前盛装，或站或躺，无保留地向游人开放。

下到幽暗的地下室，感觉像进了集体宿舍，男的分职业，女的分已婚未婚，小孩单住一屋。靠墙的两边站满了人，再往上是多层铺位，也都躺满了人，四周还散落着一些打开的棺材。之后再看照片有些毛骨悚然，但身临其境体会到的更多是布展者和参展者诡异的幽默感——几百年来有这么一群人像玩布娃娃一样精心摆弄修饰着这些遗体，并且在自己百年之后踊跃跻身

右图：地下室内的骸骨

上图: 齐萨宫(La Zisa)

其中。当年上好的布料如今黯淡朽坏,有的已烂成一条一条。

在这里,你不会再哀叹青春已逝,而是庆幸自己是多么光彩照人与活力四射。

黑白两道

我们终于整肃心情去看望了腓特烈和罗杰,爷孙俩的石棺停放在巴勒莫大教堂(Cattedrale di Palermo)一角,面前摆放着游人献上的鲜花,旁边是腓特烈的父母和他的第一任妻子。偌大的教堂稍显冷清,历朝历代的亡灵倒很热闹。我们注意到一位刚刚宣福的神父Puglisi的生平——鞋匠之子,一生服务于巴勒莫城南一个贫困社区,以一己之力与当地黑手党抗争,1993年在自己的教堂外被枪杀。那天有一位穿着讲究的中年女人,手拿一张皱巴巴的彩色照片在他的墓室外跪了很久。

我想象不出这城市20年前是什么样子。1992年3月,倚靠黑手党势力平步青云的萨尔沃·利马(Salvo Lima)横尸街头,黑手党对政府发出高调通牒:"西西里是你们当家,可是我们要当你们的家。"紧接着在5月,反黑英雄、战功赫赫的大法官法尔科内(Giovanni Falcone)在巴勒莫机场高速路上被炸身亡;7月,他的亲密战友博尔塞利诺(Paolo Borsellino)与4名保镖在城北自己母亲家门前遇害。小Fefe的爸爸对我们说,那年夏天,巴勒莫的局势一触即发,当时他还是个初中生,跟着上街、哭喊、激动愤怒……他给孩子起名腓特烈以寄托对哲学王的怀念,不知是不是源自少年乱世中种下的根?

1220年,26岁的腓特烈在罗马加冕神圣罗马帝国皇帝时,身边几乎没有自己的军队。他带了一名博洛尼亚大学的法学教授回到阔别8年的西西里,此时距离他姥爷和舅舅一家开启的盛世结束已有30年,群雄割据局面之混乱不亚于20世纪90年代。腓特烈长大成人已是奇迹,居然又一手重建了西西里王国。很难说他若再世,是否可对付得了黑手党,但他与法尔科内之间确实有脉络相承。后者毕业于巴勒莫大学法律系,而巴勒莫大学的样板那不勒斯大学正是由腓特烈一手创建,目的就是为王国大批量生产法学人才。1231年腓特烈颁布了中世纪欧洲第一部成文宪法,他认为,没有知识和理性就没有公正。黑手党自然不管这些,他们信奉的是"友谊"。我的意大利语课本里有条例句活像《教父》中的对白,"我能指望你的友谊吗?""当然,您知道我是靠得住的!"

腓特烈之后的700年间,西西里几乎没再有过成长于斯的君主,连加里波第的红衫军登陆也无异于一次外族人入侵。制定法律的人不了解这里,律法也就成了摆设,"山中无老虎,猴子称大王",黑手党就是这么起家的。

好在,法尔科内牺牲20年后,黑手党在西西里的势力越来越小,很多小本生意人团结起来拒交保护费,只是经济尚不景气,风华正茂的年轻人经营着萧条的小摊,看着让人心酸。我们去过一家小小的夫妻店,5岁的小女儿给我们递上菜单。夫妻俩原来经营服装生意,一年前刚开的这小馆,饭菜味道很好,但更使人难忘的是他们夹杂着一丝忧郁的殷勤。几年后我在Tripadvisor上查他们的小馆,已经不存在了。

另一个令我牵肠挂肚的人是维多利亚。我们在巴勒莫城外等火车时,见她独自提一个大行李箱要去墨西拿找工作,看上去虽然悲观但不焦虑。我问她在墨西拿住旅馆吗?她像听小孩说了傻话一样笑,那种甜美而略带忧愁的表情像极了教堂里的玛丽亚。但她毕竟是个意大利玛丽亚,说起话来像个发球机一样对我连续发射单词。我脑子里的小人就来回扑这些

左图: 教父相关的"文创产品"随处可见

上图：巴勒莫大教堂　　下图：帕拉提纳礼拜堂外

球，偶尔扑中几个，得知她有两个十八九岁的儿子，目前都在家。当知晓我是老师后，她便说自己小时候数学和意大利语都很好，后来因为家庭条件差，爸妈便不让继续念了……

维多利亚没怎么出过门，眼前这个看似辉煌无比的火车站让她有点慌乱。我们俩把矮小的她夹在中间，一个认路一个拖箱子，帮她找到售票处，找到站台送上车，车要开走时她还抓着我们问名字。我们不放心地目送火车离开，回到旅馆才发现随身包里有袋桔子本可以给她带在路上，不禁跌足而叹。三年后我们重返西西里，最开心的事是去看望路上认识的老朋友，只要看到他们的店还在，心里的石头就落了地，唯不知去哪里找寻维多利亚。

词语中的城市

离开巴勒莫前，我们约了一个"豹走"导游，给我们指点小说《豹》中描写的城市景观，寻找作者兰佩杜萨亲王在巴勒莫的遗迹。那天阴雨绵绵，我们约在离码头不远的十三义士广场，一位老先生犹豫再三上来搭讪，可能是因为这是第一次有中国人来约他导览。

兰佩杜萨亲王是西西里一个古老显赫的贵族家庭最后的血脉。1958年他的遗稿《豹》在米兰初版，轰动意大利文坛，被誉为20世纪最伟大的小说之一。主人公原型是作者的曾祖父，写的是家族消亡前最后几代人的故事。我们边走边聊，很快来到兰佩杜萨故居，四周围着塑料布，看不到里面。小说从这里开头，作者也在这里出生，一直住到1943年空袭降临，之后70年间这座大宅无人问津。巴勒莫真是废墟爱好者的天堂，走在街上不时可见在"二战"中

朱塞佩·托马西·迪·兰佩杜萨
Giuseppe Tomasi di Lampedusa
1896-1957年

出生于巴勒莫，在这个城市度过了一生。作为一个贵族家庭独子，他没有职业，做了一辈子文学爱好者，几乎可以阅读欧洲所有语言的书。在生命中最后

被毁的建筑物，保存完好得就像炮弹是昨天才落下的。有些德国游客误以为这是为了纪念战争，其实"二战"后的市政基本由黑手党承建，清理废墟会增加成本，因此这项工作也被怠慢了。1987年的一个周日清晨，一位给兰佩杜萨作传的英国作家撬开一块木板钻进故居，在书房废墟中找到了家族老照片、上溯几代人的通信、若干兰佩杜萨本人的笔记。

我们在这里驻足，老先生拿出几张电脑复原的故居照片，以及唯一保留下来的兰佩杜萨母亲卧室天花板的照片。照片很快就被雨水打湿，在坚硬的废墟前显得脆弱无比。这个不知历经多少代人、却终究回不去的家，是兰佩杜萨一生最深的创伤。2017年夏，故居终于得以修复并开始接待游人，在兰佩杜萨去世六十周年之际，他的在天之灵终得告慰。

我们继续走街穿巷，每经过书中描写过的地方，老先生就停下来念一遍相关段落。路过一座名为"锁链的圣玛利亚"（Santa Maria della Catena）的教堂时，他说从前每晚从教堂边会伸出一条大铁链，系在一旁"卡拉"港湾的城堡上，教堂由此得名。锁链一词显然也与贞洁和婚姻有关，小说中的亲王去妓院夜宿前在这里有一段忏悔，从自责到自怜，再想起自己那个亲热前要划十字，关键时刻大喊"耶稣玛利亚"的妻子，生育了7个孩子还没见过她的肚脐……"这有道理吗？有道理吗？我问你们所有人！"他几乎冲着教堂喊起来，"她才是真正的罪人！"老先生念完这段我们都乐了。

在一座大商场前，他指着车流不息的罗马大街（Via Roma）说，马路中间原来有一座府邸，书中著名的舞会背景就是这儿。20世纪60年代维斯康蒂拍摄的同名电影以这场舞会结尾，阿兰·德隆风流倜傥，克劳迪亚·卡汀娜美艳如花，犹如一个时代谢幕前最后的盛筵。

几年，他为身边几位青年朋友写下几千页英法文学史讲义。1954年开始创作《豹》，去世前收到出版社退稿信，去世两年后这部作品获得意大利最高文学奖。小说从1860年加里波第的红衫军登陆西西里写起，至1910年结束，写的是作者童年和尚未出生时的巴勒莫。1963年维斯康蒂（Luchino Visconti）根据这部小说拍摄的同名电影获得戛纳电影节金棕榈奖。

但小说到此还没完,我们走出"幸福"城门上海滨大道,来到兰佩杜萨最后10年居住的地方,也是小说中亲王死去的地方。亲王死前艰难地算了一笔账,从一辈子时间烧成的灰里捡取星星点点幸福时光的金屑,在无尽的烦恼与无聊中,他真正活过的时间加起来似乎只有两三年。作者大概算过同样的账吧?青年战场负伤,中年家道衰落,晚年无家可归,他的人生是条直线下坡路。好在一直有书相伴,他读过的书总该跟腓特烈看过的鸟一样多。腓特烈晚年吃了些败仗,脾气越发暴虐,但也是在四面楚歌的最后几年写下了他的鸟和鹰。兰佩杜萨曾经说,如果几颗氢弹把欧洲炸没了,伦敦还在狄更斯的小说里,巴黎和柏林也都会在,可是巴勒莫呢?巴勒莫就永远消失了,因为没人写过这座城。可是最后兰佩杜萨亲王写了!而且是在他生命即将耗尽的时刻。

雨越下越大,又黑又冷,我拿伞的手都僵了,老先生却只穿着一件风衣,戴着一顶很有派头的帽子,不肯打伞。我的意大利语不行,他说英语也很费劲,但我们都明白了对方的话语。在词语里可以看到另一个城市,穿过眼前的表象,看到柏油路下面曾经流过的河、大马路中间彻夜灯火的舞会,以及黑黢黢小教堂对面,贞洁港湾边被欲望折磨的影子。

上图：巴勒莫的海滨

在这座城市的街头与河畔,我与柏林、华沙和布拉格在精神上重逢,与此同时也收获了布达佩斯本身。它稳稳当当地穿越历史,命运自然而然变得坚硬且华丽。

文 林方文

布达佩斯华丽的废墟

左图:多瑙河上的链桥

【街头】

谍战年代的低调存在

抵达布达佩斯时,正是穿风衣的季节。夜里从李斯特国际机场出来,迎接我的不是钢琴曲,而是一辆破旧的公交车,200路。这公交老旧得能唤醒我对于《北京你早》的回忆,乘客们面容冷漠,左摇右晃地抓紧冰冷铁杠上垂下来的皮环把手。窗外一片漆黑,好像驶进了城中村,连路灯都没有,汽车看起来像一个惨白的靶子。这并不是一座21世纪的大都市,布达佩斯在我行前的想象中,也的的确确还停留在20世纪的谍战年代。《碟中谍4》的开头,逃脱追击的美国特工嘴角扬起得意的微笑,一拐弯却遇见了裹在风衣里风情万种的蕾雅·赛杜,她用装着消声器的小手枪射穿了特工的心脏。在电影原声里,这一刻响起的曲子叫《把我的布达佩斯给她》(Give Her My Budapest)。

在中欧的城市里,布达佩斯是一个低调的存在。维也纳的皇宫金碧辉煌,布拉格的城堡君临天下,华沙以一种千疮百孔的坚韧征服了观众,以至于我迟迟才决定踏上布达佩斯的河岸。

像我这么想的游客一定不止一个。

甚至在多年以后,我回想曾在欧洲逡巡过的街头,布达佩斯也不属于最先被记起的那几个。可是又很奇怪,我竟越来越无法挑剔它——慢热的布达佩斯在我的记忆里逐渐回温,就像那一夜驶向市区的200路公交车,破破烂烂却又妥帖,将我安全送达,如一个久别的故人。那一晚抵达后,躺在青年旅舍的床上,窗外传来的是一阵阵有轨电车咣当咣当的嘈响,很吵,但我睡得很香。布达佩斯就这样垂坐于那一晚的梦里。

对人类大同的调侃

离开布达佩斯3年多后,我才读了凯尔泰斯的《命运无常》,据说他是唯

左图:从高处看布达佩斯

——一个获得诺贝尔文学奖的纳粹集中营幸存者。作为犹太人,他在奥斯维辛集中营和布痕瓦尔德集中营辗转过,最后活着被解救出来。凯尔泰斯后来长居柏林,他认为自己是个柏林人,甚至说过布达佩斯已经"巴尔干化",极右和反犹主义甚嚣尘上,匈牙利人的"伪善和压迫倾向"更甚以往。读的时候,我常常觉得和他有某种联系,大概仅仅是肤浅地因为我去过关押他的奥斯维辛,触摸过那些空置了60年的上下层板床。据说凯尔泰斯的书甚至在获得诺贝尔文学奖之后在中国卖得也并不好,或许是话题过于沉重,让人不忍触碰。

回想记忆中的布达佩斯,我的确并不感到十分温暖,它不是一座充满正能量、热情好客的城市,它充满了清冷的距离感。"冷战"开始以后,它成为所谓的三大"谍都"之一,和柏林、维也纳相提并论。后两者都有自己夺目的光彩——柏林是一个被撕裂的传奇,柏林墙是个令人热血的名词,维也纳则穿梭着上流贵族,而布达佩斯的入席理由是"政权相对不稳固"。

华沙拥有一座高耸入云、令人发毛的科学文化宫,布达佩斯却没有令人印象深刻的共产主义建筑遗产。它那些缺乏修缮、挤满了工薪阶层的方盒子散落在城市的大街小巷,只有在夕阳西下时玻璃上才会反射出多瑙河的波光,刺痛行人的双眼。它们和华沙、布拉格、东柏林、莫斯科街头的兄弟姐妹一起,调侃着人类关于世界大同的梦想。

去"恐怖之屋"时,因为有特展,硕大的索尔仁尼琴画像就挂在3层楼高的地方,冷眼俯瞰安德拉什大街。一辆1956年曾开进布达佩斯的苏联坦克停在这个博物馆的院子里。至于展览内容有什么,我全都忘了,只记得纳吉·伊姆雷慈善家一般的笑容被镶在画框里,挂在极度昏暗的地下室墙上,仿佛仍在努力"挽救社会主义的声誉"(他被宣判死刑时的最后陈述)。

上图：布达佩斯有轨电车

忧郁和不忧郁的周日

在布达佩斯，至少可以度过一个传说中的"黑色星期天"（Gloomy Sunday）。这是一首匈牙利著名"自杀神曲"，在我高中时就已听说，其名声传得神乎其神，以至于我一直不敢去听。但多年后的同名电影被十分浪漫而俗套地翻译成了《布达佩斯之恋》，艾丽卡·莫露珊的摄人美色、妖艳身材难以用语言形容，像会引发特洛伊战争的海伦。

在《布达佩斯之恋》里我最难忘的角色，是那个叫汉斯的德国人：集善恶于一身，性格的异化、商人的远见和精明、恶之花与善之果的辩证法、"二战"后清算的不彻底性，万语千言都凝聚在这一个角色里。

不知道汉斯如果活着看到议会大厦旁不远处的"多瑙河岸上的鞋"，会有何种感想呢？这件雕塑作品于2005年4月落成，一双双铁鞋随意地扔在了多瑙河边上。1944年10月，匈牙利的法西斯组织箭十字党发动政变夺取匈牙利政权，当晚，党徒就将大批犹太人劫至塞切尼链桥附近枪杀，将尸体扔进河里。这雕塑在匈牙利的"大屠杀纪念日"落成，正是为了纪念那时被脱鞋、被枪决、被推下多瑙河的犹太人。

其实布达佩斯和华沙一样，在抵抗法西斯和极权主义的岁月里遍体鳞伤。议会大厦的墙上有弹孔，有"二战"时期留下的，也有1956年人民抵抗苏军入侵时留下的。新哥特风格的渔人堡是这座城市最浪漫的建筑之一，被称为年轻人的最佳初吻地，但在"二战"中也近乎被抹平，到1947年至1948年才被修复。

还好，我的那个Sunday一点也不Gloomy。

站在城堡山顶上看着多瑙河以及横跨它的几座大桥，我也只有叹服于布达佩斯天生的大气和华贵。天色正好，微风轻

©林方文

右图：出售传统刺绣手工艺品的妇女

上图:街头招贴画,意为"我睡不着"

拂，雄狮镇守的塞切尼桥、洁白如玉的伊丽莎白桥、绿色的自由桥连起布达和佩斯，桥下是粼粼的多瑙河之波，黄色的有轨电车来来去去，绝不会有一个更美、视野更佳的黄昏了！

地下和地上的两重天

布达佩斯的地铁站台能看见阳光。当然，这仅限于那条5公里长的1号线。这条线路浅浅地藏在地表之下，走在地面上甚至能感受到地铁列车驶过的震动和噪响。不是匈牙利人偷懒挖得不够深，而是它诞生得太早，受工艺所限。1894年开挖，1896年弗朗茨·约瑟夫皇帝亲自剪彩，它是欧洲大陆第一条地铁——或者不如说是"地下的有轨电车"。

今天乘坐这条线路并不是多么舒适的体验。文艺青年喜欢的复古黄色车厢墙皮都剥落了，上下班高峰高大的马扎尔人挤在狭小的车厢里，有一种矿工下井的既视感。

实际上其他的地铁线路也有非常惊险的体验，因为这里可能有着速度在全世界数一数二的自动扶梯，又长又快，总觉得步子稍慢一拍就会从社会主义的快车翻落。

在布达佩斯1号线，常有查票员老大哥在盯着你。看到像我这类穿着典型风衣——噢不，是冲锋衣——的游客从英雄广场这一站狼狈挤出、左顾右盼如一个双面间谍，他就会迎上前来，面容冷酷地要求查看我手中的票是否打了孔。过了他这一关，走在英雄广场和附近的城市公园，才总算能长吁一口气轻松下来。

若是在雨雪霏霏的秋冬来布达佩斯，城市公园可能是个天堂般的存在。首先，它有个号称中欧最大的溜冰场，几百号人在冰面上各显其能，那些表现最踊跃的总是冲在"拍婆子"一线的小伙子。其次，富丽堂皇又物美价廉的塞切尼温泉浴场就在边上，自1913年落成以来它就是欧洲最大

右图：布达佩斯的地铁

的温泉浴场。

除了多瑙河以外，温泉是大自然给布达佩斯乃至匈牙利最好的礼物。这个国家处处是温泉。胸部下垂的老头子们在塞切尼温泉浴场一边泡澡一边摆出黑白分明的棋盘，苦思冥想摆出的应该是西西里防御还是西班牙开局，一点也不在乎游客长焦镜头之后猎奇的目光。城堡山下的盖勒特温泉则是另一处极受欢迎的存在，什么新艺术运动风格、什么精美的马赛克瓷砖，慕名而来和万国游客泡一个联合国式的澡，才是这里的要义所在。

新艺术运动和烟火气

新艺术运动，是谈论布达佩斯时绕不过去的一个词。有一天我在布达佩斯的犹太区闲逛，参观完一座美轮美奂的正统派犹太教堂，拐进旁边的书店，最后带走的，是一本《布达佩斯新艺术运动风格建筑手册》。

20世纪之初，新艺术运动是"位于大众文化最高点"的艺术和设计风格（维基百科语）。简而言之其特点就是充满了波浪形和流动的线条，向自然界取经，像是从植物生长出来，装饰图案里常能见到昆虫、花草等，其最高峰，要数1900年举办的巴黎世界博览会。

布达佩斯的新艺术运动代表作要数纽约咖啡厅。这家咖啡厅创建于19世纪末，是文人骚客高谈阔论的聚集点。有一种夸张的说法是，当时欧洲的信如果只写寄往纽约，就会被送到这里。前文提到的犹太教堂也是个中杰作，天蓝的底色、墙上密密麻麻的郁金香以及各类植物装饰、彩色的万花筒式玻璃……虽是规矩繁琐的正统派，屋子却修得天真烂漫。

不过掉书袋真的令人生厌，哪怕赏心

悦目的新艺术运动也不例外。我所习惯的充满烟火气的布达佩斯和它并无关联,只是由3个关键词组成最真实的一天:早上的菜市场、下午的跳蚤市集、夜里的废墟酒吧。

布达佩斯的大菜市场在多瑙河畔,一层卖瓜果蔬菜、二层卖纪念品和小吃。至少从外表上看,它配得上这座城市每一个角落的颓废和华丽,而走进去一瞧,又是工业风十足的钢铁架构,前身似乎是中央车站。坐定后来碗热腾腾的"古拉什"——虽然本质上只是土豆牛肉汤,但也会让人觉得自己是在喝宫廷土豆牛肉汤。

喝完汤的午后时光属于市集。Ecseri是中欧最大的二手市集,每周六会有大量来自周边国家的买手前来搜刮好物,数不清的"二战"纪念品、老相机、古典餐具、衣柜沙发桌椅、老照片、明信片、蕾丝刺绣纺织品和气泡水玻璃瓶,很多人在这里讨价还价,乐在其中。

但是,以上两者都敌不过夜间的大杀器——废墟酒吧。所谓"Ruins Pub"的鼻祖Szimpla Kert就在正统派犹太教堂的附近,外表是破破烂烂的老旧筒子楼,如果不是聚在门外手提酒瓶聊天的小年轻,很容易错过(我第一次真的就走过了!)。2002年,一帮艺术家把老工厂改成了酒吧兼露天影院,环境像废墟,砖瓦桌椅、各类摆设原本都是"垃圾",废物再利用后却变成了酷炫的朋克式存在,嬉皮士程度直追欧洲此行业翘楚城市——柏林。

布达佩斯的小清新

就像北京拥有怀柔、密云、门头沟一样,每个大都会都有市民们的周末近郊小镇。拿我现在居住的约旦来说,一到周末,死海旁的大马路上,携家带口的阿拉伯人能把车一直停到肉眼看不见死海的地方为止,烤羊肉串十里飘香。

右图:街头演出

对于布达佩斯，多瑙河湾的维谢格拉德（Visegrad）和圣安德烈（Szentendre）是这样的存在。

维谢格拉德山顶的要塞遗迹，是黄昏时俯瞰多瑙河湾的绝佳放风平台。此地一度是皇宫及城堡所在地，奥斯曼土耳其的入侵将其彻底破坏，整个小镇如今似乎也只承担了观景台的角色。迎着猎猎的晚风站在山巅看这条传奇的河流平静如绸缎，也许你会想要来一杯烈酒巴林卡。

在布达佩斯被压抑的小清新文艺气质，大概在圣安德烈能得到最淋漓的释放。和所有适合戴宽边圆帽、穿百褶裙的小镇一样，圣安德烈不"姓社"也不"姓资"，只有五颜六色的房舍、马蹄哒哒响的石板路，以及画廊、私人博物馆、咖啡店、手工艺品店。我到的那天恰好邂逅一只波利犬，是匈牙利特有犬种，通体白色长卷毛，跑起来如飞翔的拖把。不知道当初匈奴王阿提拉在欧洲大杀四方时是不是也带着一只波利犬，想到这一幕，无端多了几许萌点。

马扎尔人以匈奴命名他们的国家，可其祖先之一突厥人和匈奴间到底传承多少血统，还很难说，更何况千年来还有日耳曼人、斯拉夫人、土耳其人来来往往。不过，匈牙利以特立独行的名字和血统（以及同样特立独行的语言文字），仿佛在自己和欧洲之间划下了一条线，将自己部分地留给东方。

多瑙河并不湍急，正如布达佩斯在角逐欧洲名城的过程中从来都走得不快，稳稳当当地穿越历史，命运自然而然变得坚硬而华丽。在这座城市的街头与河畔，我能与柏林、华沙、布拉格在精神中重逢，与此同时也能收获布达佩斯本身。如今我想起布达佩斯，只有重返故地在自由桥头喂鸽子的冲动，我还想带着诗人于坚的一句话去见它："你不能去催一条河什么时候流到什么地方。"

左图：布达佩斯的郊外小镇圣安德烈

上图：圣安德烈小镇上的复古自行车

下图：匈牙利特有的波利犬

花式打卡

潮汕乡宅的南洋乡愁

文 张小电

潮汕人出洋探索的故事从唐朝时就已开始,在老辈潮汕人的语言表达里,海内唐人山河即"唐山",海外则四方皆"番地"。海是界线,也是走向世界的通道。从清朝中期到民国,百万潮汕人乘船下南洋前往东南亚诸国谋生。这种活动在方言里被称为"过番",穷苦人无路可走时,就会孤注一掷带上水布和竹伞,在市篮里塞满甜粿,登上红头船顺韩江出海,渡向未知的南洋。一部分幸运儿在异乡发达后,几乎都会选择回到潮汕老家大兴土木,祭拜祖宗光耀同族。

如今这片土地上高楼林立,村中也布满各种工厂,好在潮汕人对家族先祖的尊重和崇拜仍未改变,使得许多老宅在时间的蹉跎里得以留存。循着榕树与月塘的指引,可以在潮汕乡间找到那些见证当年荣光的老厝和祠堂。

潮安凤塘镇——仁美里
参观免费

地址:潮州凤塘镇淇园村智勇中学一侧

汽车从潮州城驶向凤塘,道路两旁始终未见古意,直到下车后走入智勇中学的牌坊,池塘后一横排开的老厝才告诉我没有找错地方。房屋按潮州厝的传统模式来建造,四方的护墙上装饰了南洋风的绿色琉璃花瓶廊柱和浮雕围栏。进入写有"仁美里"的寨门,三座院落一横排开,中间是供奉房屋原主人郑智勇的海筹公祠,祠堂两侧对称的三进院落门头都题有"荣禄第",装饰的壁画和石雕已经褪色。南北两侧作为护院屋的平房屋脊上,琉璃吉祥纹砖折射出漂亮的光彩。

和住在乡里的大多数人一样,掌管祠堂钥匙的郑伯是"海筹公"郑智勇的同族后人,也曾在仁美里的老厝中居住过。郑伯说,因为文物保护需要,原来的居民几乎都迁走了,如今祠堂显得有些寂寥,但举办拜老爷一类的酬神活动时,众多宗亲都要回到这里;在寓意多子多福的木雕木瓜梁架下做仪式和摆宴席。

1865年,15岁的郑智勇离开家乡"过番"到暹罗,和大多数下南洋的番客一样,他开始在曼谷昭披耶河畔码头跑腿,之后靠经商发家,还得了一个外号"二哥丰"。由于曾向清廷捐献大量银钱用于赈灾,郑智勇受封"荣禄大夫",祠堂一侧的荣禄第也由

上图：仁美里村的智勇高等学校

此命名。又因为在曼谷洪门组织中的二哥地位，他在辛亥革命前后与孙中山交情颇深，"智勇"一名便来自孙中山的题赠。虽然再也没有返回过家乡，但郑智勇和潮州的联系并没有中断，他投资的华暹轮船公司曾载过无数潮汕后生下南洋打拼。1918年地震危及韩江堤，他还派两个儿子回国主持维修堤坝。

建成于1911年的仁美里也是他给家乡的众多回馈之一。除此之外，村南还曾有过一个郑智勇建立的智勇高等小学，以让乡里幼童免费接受教育。学校如今只剩下留有题字的圆形拱门，而远处的智勇中学则与海外郑家后人的捐赠有关。小学校门前有一条河，郑伯告诉我这条小河流入榕江，当年小船就从这里的码头出发，把乡亲们带到汕头去乘"二哥丰"的火轮。

郑智勇在曼谷唐人街的宅邸也遵循潮州的传统取名为"大夫第"，他晚年经商失败后只剩下那一处屋宅安身。在他去世后，大夫第先后被当作潮州会馆和警察局，如今新建的警察局天台上有一座二哥丰庙，许多信众会前去祭拜。

因获得拉玛五世特许专营博彩花会厂而被泰国民间信仰奉为赌神的故事，又是另一个属于郑智勇的传奇了。

211

右图：透雕"渔樵耕读图"

"一条牛绳激死三个师傅"
这个在潮州流传的典故与修建从熙公祠时使用的精湛技艺有关。传说在雕刻那条纤细的牛绳时，前后有三个师傅因为把石头凿断而气恼地离开。

潮安彩塘镇——从熙公祠
参观免费
地址：潮州彩塘镇
金砂一村角头

潮汕公路上的旅人们来来往往，但很少会有人从路边拐进金砂村，去看那座有着精美石雕的从熙公祠。绕过村口制作不锈钢杯盖的小作坊，村中仍然有着小河流过田园的景致，河边的一片老厝都是陈姓宗族的屋宅，居中一座雕梁画栋彩瓷嵌顶的资政第，也是族内"从熙公"陈旭年的祠堂。

我到达的时候，看管祠堂的陈伯正在给一个来自马来西亚的华侨大家庭用潮州话作讲解，长辈们若有所思地点头，年轻人则更多用普通话和英语交流。这个家庭就来自陈旭年当年发迹的柔佛州——不过在1844年陈旭年前往时，那里还是由苏丹统治的柔佛国。地广人稀的丛林地带成了拓荒华人寻找机遇的沃土，陈旭年最初在锡矿做苦工，之后靠努力与际遇成了有特权种植和出口胡椒的港主。为了纪念曾做过华侨领袖"甲必丹"的陈旭年，柔佛新山的一条街还被命名为陈旭年街。

对于传统潮汕人来说，在海外发达后回乡起新厝是一件重要的事情。1870年开始建造资政第时，陈旭年并没有给这座屋宅加上异域元素，他要的是一座原汁原味的潮州厝，把石雕、木雕和嵌瓷都繁复堂皇地叠加起来，为的就是让百年后的人们还能看见他的富裕。祠堂门厅石梁架上装饰着形态无一重复的花鸟鱼虫石雕。两侧石壁上精致细腻的石雕图，采用空雕、通雕、钟雕等雕刻手法，把人物及花鸟等刻画得栩栩如生，刻录下了潮汕乡村旧时渔樵耕读和士农工商的生活场景，其中"渔樵耕读"场景中细细的牛绳和渔网都是在整块石头上打磨镂空透雕而成的，让人叹为观止。拜亭和祠堂厅内的金漆木雕上，象征吉祥的飞禽走兽活灵活现，与屋顶的彩色嵌瓷一同发出光芒。

祠堂正中央依例供奉着从熙公。陈伯是陈旭年的同族后人，他把陈旭年称作"华侨公"，并相信他会给来拜祭的人带来财运和福气。而那些分散在海外的同族后辈们回乡拜祭时都会留下捐赠，为的是给这个遥远的海内家乡带来一条更宽敞平坦的村道。

左图：陈慈簧故居

驷马拖车

潮州传统民居中的一种形式，即"三落二火巷一后包"。

蔡泽民的《潮州风情录》中有对它的详细描写："三落便是指房子有三进，且每进的格局都不同。另外，主体建筑两边各有一列与它平行的房子称作火巷，由龙虎门及厝手间的内外子孙门连接主体建筑。后包指三进后面的一列房子。整个建筑格局就像一驾由四匹马拉着的车子，故名"驷马拖车"。

澄海前美村——陈慈簧故居

门票40元

地址：汕头市隆都镇前美村内

潮汕乡间散落着数不清的华侨屋厝，陈慈簧故居是为数不多作为旅游景点开放的一处。民间对于这座皇宫般的家宅有着各种各样的传说，其中包括：陈家有丫鬟专门负责开窗和关窗，打开所有的窗再关上所有的窗，一天就过去了。

穿过种满热带蔬果的田地来到开放的故居门前，漂亮的几何彩色花砖向我展示着它们的南洋源流。这处名为"善居室"的三壁连二层小楼据说是所有宅第中最精美也是保存最好的一座，它结构玲珑，每一座窗框上都装饰有形似南亚风格的吉祥花纹，不过窗户和房间的数量并没有夸张到要花费一天去照料。走出院子后才发现，作为景点开放的屋宅只是陈家大厝东北角的一个院落。潮州大厝中最经典的"驷马拖车"式建法在周围各个屋厝中得到了灵活运用，虽然都是方形围院，但内部各种空间元素的组合丝毫不显刻板。

绕着"善居室"周围的郎中第、三卢书斋和家庙等老厝走上一圈，几乎要花掉1个小时。除了作为景点的"善居室"，其他屋宅大多仍然有陈家后人居住，略显颓败的墙壁上留有精美的灰塑纹样和艳丽的花砖。当年修建这处宏大家宅时运用了大量来自南洋甚至西欧的装饰品，为了运输那些进口材料，陈家还专门引出一条运河到一侧的莲阳河来让船通行。

与大多数人无可奈何去暹罗的情况不同，陈慈簧继承了父亲的船运事业，并在南洋经营起大米贸易一条龙业务。1871年时，他在曼谷吞武里建起新式火碧碾米厂，再把加工好的暹罗大米运输到潮汕、香港、新加坡乃至上海贩卖，整个家族也因此兴旺起来，儿孙们也成为在泰国的华侨领袖。他们捐建了华人学校和善堂，更在日本入侵中国和东南亚时为抗日积极奔走。如今泰国名门簧利一族也出自陈慈簧家族，并仍在为中泰之间的友好关系做出贡献。

旧屋新生
中区2公里

文 姜春苗

人们所熟知的港岛中区，往往是那个属于摩天大楼的繁华世界。这一次，我们尝试拨开这片钢铁森林的肌理，寻找隐藏其中的4座老建筑：这些凝固的港岛记忆，正因新的创意元素而重获生命。

第1站 亚洲协会香港中心
旧军火库的禅意空间

正义道9号；
asiasociety.org/hong-kong

在太古广场乘上扶梯，至4层抵达法院道的出口，身后的喧嚣渐渐变为一片宁静的绿意。右侧，是回荡着孩童嬉闹声的香港公园；左侧，是一条安静的街道。沿着法院道漫步，直至尽头处的英国驻香港总领事馆，人烟开始变得稀疏——目的地就在斜前方不远处了。

作为艺术综合体的亚洲协会香港中心，就幽隐于中区的核心地带。一条名为"刘鸣炜火药轨"的轨道连接着"古迹区"内的行政楼、麦礼贤夫人艺术馆与麦礼贤剧院，沿这条原用于运送火药的轨道一路向内探索，只见建筑简单利落的现代线条之间，处处蕴藏着雨打芭蕉、流水花园的禅意元素，而这片古迹区的真实面目，也随着讲解员的解说慢慢展开：原来这3处空间均为前军事建筑，行政楼是建于19世纪60年代的英军军火工厂旧址，艺术馆和剧场的前身则是军火库，现都属一级历史保护建筑。

这片前军事要地的规模在20世纪初得到进一步扩大，直至90年代才停用。到了2005年，国际知名建筑师事务所Tod Williams Billie Tsien将它改造成了今天的艺术综合体，同时也将昔日的痕迹悉心保留。例如，那条从剧院入口绕到背后的"照明廊"，就曾是用于检查火药安全的巡逻走廊，如今则被修复成了通往演员化妆间的一条"秘密通道"。

古迹区与新修建的接待馆之间由一座双层人行天桥相接。从古迹区出发，闲步于天桥上层名为"康本桥"的空中长廊，身畔满山翠绿，眼前却是港岛高楼。终点是修建在接待馆二层的空中花园，这座朝向维多利亚港的和式花园由香港巨富刘銮雄捐赠，风格整洁简约，透露着自然的禅意，一侧还立着一尊"长岛佛"雕塑，佛像睡颜恬然。花园脚下的下层天桥则被人们称作"果蝠桥"，据说这种上下层的天桥结构能方便行人雨天通行，而环抱状的设计则是为了绕开周边野生果蝠的栖息地，妥善保护了山林中的原生环境。

右图：美利大厦外立面

左图：双层人行天桥

第2站 美利大厦
先锋创意的再生
红棉路22号；niccolohotels.com/hotels/hongkong/central/the_murray

几乎每个前往山顶缆车站的游人，都会在途中驻足打量通体白色的美利大厦。它栖身于一片灰色的钢铁丛林之中，显得优雅且极富格调。走近细看，还会发现它的白色调里镶嵌着微微发光的金色，像是凝结成冰的湖面上流淌着清晨的光线。

大厦那兼具功能与美感的摩登线条，很容易将人带回现代主义建筑风潮盛行的时代。这栋如今经过改建变身为高级酒店的大厦，最初是政府机构所在的公共建筑，由香港新市政厅的设计师Ron Phillips于20世纪60年代末完成。作为包豪斯现代主义思潮的坚定拥护者，Ron为这座大厦选择了明朗简洁的风格，在地面层又融进了颇有古典韵味的3层高拱廊设计。

带我参观大厦的建筑师朋友告诉我，这条拱廊主要是为了应对港岛高低起伏的多山地形——大楼两侧的花园道和红棉道之间有约3层楼高的高度差，而倾斜的拱廊坡道可作为行车道将高低两条道路相连，使车辆得以顺畅地行驶。拱廊的存在也为生活在这座亚热带多雨城市中的居民提供了荫蔽之所，跃动的弧度更为大厦增添了一股流动之感。

如今，通往酒店大堂的拱廊区域开放给公众自由参观。走在长廊内，高悬于头顶的铜色风扇搅动着港岛的湿润空气，眼前的圆拱如同画框，将中环的葱葱绿意和地标建筑收纳在内——建筑本身便是一件与环境互动的装置艺术品。而改建后的大堂还采用了落地玻璃窗，进一步打破室内外的距离感，这座曾出于政府安全考虑而与周围隔离开来的"孤岛"，终于能和邻居们和谐相处。更让人倍感圆满的是，已是90多岁的Ron被邀请成为大厦再生的顾问，他也成了第一个入住这家酒店的客人。

215

右图：大馆保留了连接警署和监狱的走廊

警署吉祥物

大馆广场上一棵年逾60岁的芒果树格外醒目。这株庭院里唯一的大树还有着"吉祥物"的身份——过去它不但能为晚间执勤的警察献上宵夜，而且据说在芒果丰收的年份，警署得到提拔的人也会特别多，难怪大家都对它倍加保护。大馆保留的另一尊"宝物"则是香港警察局里必不可少的关公像，不妨留意找找，馆内关老爷的数量可比你想象的要多得多。

第3站 大馆（Tai Kwun）
前司法重地的文艺转身
荷李活道10号；
www.taikwun.hk

从荷李活道的钵甸乍街入口迈入大馆中庭，环绕四周的摩天大楼让人顿时有种"被俯视"的压力感，但能在寸土寸金的中环看见一处面积如此庞大的文化新地标，同样令人惊喜不已。

历经10年规划休整才与公众见面的大馆曾是中区的警署建筑群，也是港岛城市中心仅存的19世纪末、20世纪初建筑。"活化"工程过后，建筑群更名为"大馆"，包括了过去的中区警署、中央裁判司署、域多利监狱等16座古迹及2座新建筑，为历史文物、当代艺术展览与表演活动提供场所，也不乏创新餐厅、新艺术主义酒吧、书店、手作店等空间。

建成于1864年的中区警署是大馆的中心建筑，也是建筑群中历史最悠久的大楼，属于后维多利亚风格，4层都建有锻铁阳台及罗曼式拱门装饰。一层设有关于中区"警察故事"的展览，既讲述大馆建设的历史，也梳理警员装备变更的脉络，以及曾发生在中区的大型社会事件。其中一些故事片段让人不禁想起港片中有关"阿Sir"与古惑仔的经典桥段，也唤起人们对老香港生活的最初印象。

警署楼上现已改造成服装店、手工陶器店和餐厅，但依然仔细标注着"山顶警员更衣室""中区警长宿舍"等旧日名称，并提供给驻场艺术家们使用。沿着长廊闲逛，头顶转个不停的吊扇、黑色的百叶窗与装饰用的蕉叶盆栽，都让这里休闲氛围十足。

每到黄昏7点半，警署外墙就会变成一面4层楼高的大屏幕，上演一场关于香港和大馆历史的灯光秀。

与警署楼前后相连的就是域多利监狱。这座见证了香港开埠的监狱，于"二战"中被炸毁，战后经过修复，一直使用至2006年方才结役。用英文字母A至F标记的6栋监狱建筑以花岗岩和红砖建造，墙体坚固如初，不过内部空间也经过了创意改造。比如，F舱的外墙成了涂鸦艺术的"画板"；E舱则被改建成一间酒吧，原来窄小的牢房被打通，放上圆桌和座椅，变身为可供闲坐谈天的空间。

左图：PMQ元创方

第4站 PMQ元创方
新设计之风刮入"警员宿舍"
鸭巴甸街35号；
www.pmq.org.hk

取名自Police Married Quarter（已婚警察宿舍）英文首字母的PMQ元创方，过去还真是一所警员宿舍。20世纪中期，香港的人口快速增长，警察队伍也相应地亟需扩张。于是，在早先被炸毁于"二战"的中央书院原址上，两栋为华裔已婚警员专设的宿舍楼出现了。楼内原开辟有140个一室和28个两室，半开放式的设计有利于通风和采光，也增强了当年邻里间的互动。

"保育"后开放为文创基地的元创方，将两栋宿舍分别以它们所在的街道Staunton和Hollywood命名，并新建了正对着鸭巴甸街入口的多功能空间智方Qube以及空中花园，作为连接两栋楼的通道。现已有超过100位本土设计师和创意企业入驻，使这里成了香港的新兴设计品牌聚集地。

Staunton楼内，鼎鼎大名的Vivienne Tam和Muji的买手店不容错过，设计品牌Goods of Desire则在产品中加入了许多港味十足的元素："双喜"主题的筷子、老香港传统的邮箱、印着老式火柴盒纹样的床品……都让人颇为惊喜。Hollywood大楼内最特别的当属由著名设计师欧阳应霁开设的"味道图书馆"，里面不仅藏有3000多册设计与美食书籍，还有齐整的书柜、舒适的扶手椅、开放的厨房，就像一

找找旧日痕迹
Hollywood大楼负一层的地下展廊中，展示着中央书院的花岗岩地基和铺底瓷砖——这座香港第一所提供高小和中学教育的西式公立学校人才济济，孙中山先生也曾在这里就学。在与大楼管理员的闲聊中，我得知楼内"原配"的电梯过去都是手动运行的，如果碰到电梯操作员午休或是下班的情况，楼内住户就都得靠楼梯上下，所以大家都达成了那些时段尽量宅在家中的默契。

个访客不绝的书香之家。手工首饰作坊Loupe也值得一访，店家有时会邀请世界各地的首饰设计师驻场，演示蕴含东西方差异的设计创意。

紫阳花，梅雨季节的京都风物诗

文 骆仪

在酷暑来临之前，日本会先迎来又湿又闷的绵长梅雨季，经过一番雨水润泽，紫阳花盛开。此时前往京都，便可欣赏到一丛丛亮眼的蓝色。

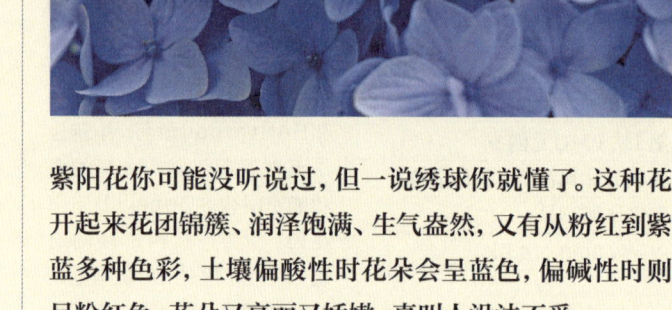

紫阳花你可能没听说过，但一说绣球你就懂了。这种花开起来花团锦簇、润泽饱满、生气盎然，又有从粉红到紫蓝多种色彩，土壤偏酸性时花朵会呈蓝色，偏碱性时则呈粉红色，花朵又亮丽又娇嫩，真叫人没法不爱。

紫阳花在日本有着悠久的种植历史，日本最古老的诗歌集《万叶集》里就有关于紫阳花的和歌。除了中国人熟悉的球形花簇以外，在日本还常常能见到一种扁平如碟的紫阳花，中间是一丛星星般的蓝色小花，周围环绕一圈花托较长的白色花瓣，就像夜空中盛开的花火一样，因此有个美丽的名字叫"隅田花火"。

镰仓是欣赏紫阳花的胜地，这里的明月院以盛开蓝色紫阳花著称，人们甚至把这种蓝称为"明月院蓝"。每到6月紫阳花开时，镰仓的酒店总是很难订，长谷寺和明月院也接踵摩肩，人头比花多，无法惬意赏花。其实同时期的京都及周边就有不少寺庙拥有紫阳花胜景，且游人较少，更方便欣赏。

得名自美丽的误会

紫阳花日语读作"あじさい"（Ajisai），是蓝色花聚集到一起的意思。这种花原产自日本，后来传播到中国、新西兰，甚至更远的美洲。紫阳花的名字来自白居易的诗作《紫阳花》："何年植向仙坛上，早晚移栽到梵家。虽在人间人不识，与君名作紫阳花。"然而这真是个美丽的误会，白居易笔下的紫阳花有香气，真正的紫阳花则没有，这个汉字名称却沿用至今，不少日本人也认为汉名更有情调。

左图：镰仓紫阳花

右图：三室户寺的花径

紫阳花园：
6月1日至7月7日开园；
6月8日至6月23日 周六、周日 19:00～21:00夜间亮灯开放。
门票：平时500日元；
紫阳花园开放期间800日元；
紫阳花园夜间点灯800日元
（白天夜间须分别购票）

三室户寺
万株紫阳花满坑满谷

地址：京都府宇治市莬道滋贺谷21。
时间：4月至10月8:30～16:30；11月至次年3月8:30～16:00；关门前30分钟停止售票。

一般人去距京都不远的宇治都是去平等院，而坐落在平等院前一站的三室户寺却一直默默无名。3年前我第一次去三室户寺的时候，还没几个人听说过这座寺庙，如今这里已经种植了多达50种、1万株的紫阳花，成为关西第一紫阳花寺。三室户寺连绵不绝的紫阳花海，甚至让镰仓都相形见绌。

一进寺庙，我就被震撼到了，在高大挺拔的杉树之间的是1米多高、仿佛看不到尽头的花海，人走进去瞬间就被淹没，连花海中的庙宇都显得渺小。虽说被乱花迷醉了眼，但我还是定了定神，去寻找这里有名的心形紫阳花。

三室户寺的历史可追溯到约1200年前。当时的日本光仁天皇每晚在宫中看到金色灵光，视为祥瑞，命令右少弁（官名）犬养去寻找光源。犬养在宇治川的支流志津川上游看到了瀑布里有一座身高二丈的千手观音像，于是天皇命令在此开山建寺，称为"御室户寺"。后来，花山、白河两位天皇也先后在这里设离宫，寺庙因此改名三室户寺。在历代天皇的支持下，三室户寺规模越来越大，称为名刹，直到宽正三年（1462年）毁于大火。后来虽然重建，却又在织田信长与足利义昭的争战中再度被毁。如今我们见到的寺庙重建于1814年，声望和香火已不复当年。

三室户寺占地1.65公顷，除了紫阳花庭以外，还有枯山水和池泉庭院。紫阳花海前有2万株杜鹃，后面又种有珍稀的荷花品种"大洒锦"，这3种花与三重古塔相辉映，真可谓藏在京都郊区的瑰宝。

右图：善峰寺赏花

下图：大原三千院的地藏

善峰寺
漫山遍野花团如云

地址：京都市西京区
大原野小塩町1372
时间：8:00～17:00，
关门前15分钟停止售票
门票：500日元

除了三室户寺，位于京都西南边（昔日长冈京）的善峰寺，也是一处罕为人知的赏花地。前往那里的交通较为不便，从京都市区出发到善峰寺，需要由电车换乘公交，而那仅有的一路公交车，每小时只有一趟。

善峰寺的紫阳花数量同样多达万株，依山而长，漫山遍野盛开着，花团锦绣如云，把整个山峰斜面染成了粉色、蓝色、紫色、白色，与位于平地的三室户寺相比各有风情，同时二者在花的数量和气势上也都远远胜过镰仓的紫阳花名寺。放眼望去，整个山头不超过二三十人，赏花体验也比镰仓要好得多。美中不足的是，善峰寺没有紫阳花周边产品售卖，我只好抱憾离去。

除了紫阳花，善峰寺还有一件宝物——一棵树龄超过600年的五叶松。这棵五叶松的枝干横向伸展，长达38米，人称"游龙松"，是受到保护的日本国家指定天然纪念物。寺名匾额题字为后鸟羽天皇御笔。善峰寺与皇室关系密切，不仅曾有多位天皇在此皈依佛门，还有多位亲王埋葬在御陵。

大原三千院
青苔地毯上萌地藏

地址：京都市左京区
大原来迎院町540
时间：8:30～17:00；
12月7日至次年2月9:00～16:30
门票：700日元

三千院位于京都北部山区，地势比三室户寺略高，花期也比南边的三室户寺晚一些。三千院在红叶季时是赏枫名所，夏天时节则很安静。这里种有三千多株紫阳花，是避暑消夏的好地方。三千院的紫阳花也有好几个品种，会次第开放，其中"稀有星星紫阳花"又名"七段花"，跟"隅田花火"一样呈碟状，只是外圈花瓣是粉红色的，俏丽

右图：紫阳花祭

跟三室户寺一样，三千院拥有1200余年历史，由最澄大师创立，平安时代后期曾有多位皇子和皇室成员担任住持，称为"门迹"，是天台宗三大门迹之一。

相比紫阳花，三千院更为人熟知的是那犹如地毯一般的厚厚青苔，以及趴在青苔上托着腮的天真小地藏石雕。山间环境清幽，青苔都长到小地藏的头上去了。春有樱，夏有紫阳，秋有红叶，冬有雪，青苔三季长绿，三千院可谓是四季皆景。

藤森神社
形式多样的紫阳花祭
地址：京都市伏见区深草鸟居崎町609
时间：紫阳花苑9:00~17:00
门票：平时免费，紫阳花苑300日元
纪念品：紫阳花限定御朱印和紫阳花手帕

藤森神社位于伏见区，距离著名的伏见稻荷大社不到2公里，附近街区安静祥和。藤森神社有3500株紫阳花，长在平地间，虽然不如三室户寺的壮观，但足以在京都市区的寺庙中脱颖而出。紫阳花期，藤森神社会举办为期多日的紫阳花祭，除了蹴鞠和太鼓，还有雅乐、舞乐、居合道、筑前琵琶、相扑甚句等表演，称得上是一场传统艺术的盛事。

午后2点，球员们身着从公元900年前后鸟羽天皇时流传至今的蹴鞠专用装束，围成一圈，轮流踢球不让球落地。这种比赛有点类似踢毽子，不讲输赢，表演性质更浓。蹴鞠方散，太鼓紧接着登场。鼓手身着紫色外套，外套背心有个圆形藤条图案，正代表着藤森神社，紫色象征着紫阳花。舞台周围一圈都是绿树，把舞动的紫色衬托得特别悦目。他们大多是中年人，腰身不再苗条，脸上皱纹横生，却也化了精致妆容，擂起鼓来气壮山河、高声呐喊，身在现场的我看得热血澎湃，甚至生出学太鼓的心来。

街头小吃：体验意式平民美食文化

文 喜喜

在"美食天堂"意大利，不必去网红餐厅排长队，在路边小店或集市摊位试试这些小吃，就能满足味蕾，还能感受到意大利人在"吃"这件事上接地气的一面。

牛肚包
Lampredotto
佛罗伦萨

大排档内，各色调味料、酱汁一字排开，旁边的一口大锅中正"咕噜咕噜"地小火慢炖着牛肉和牛肚。制作招牌牛肚包的大叔早已驾轻就熟：他快速地把一块早已卤好酱汁、炖得酥烂的牛肚从大锅中提出来，用锋利的刀具将牛肚片成细细的薄片，再把这些薄片佐上"红酱"或者"绿酱"，最后夹到外壳偏硬、内里柔软的面包中。

这是佛罗伦萨中央市场一家名叫Da Nerbone的大排档——创始于1872年的百年老店，售卖的牛肚包远近闻名。牛肚包价格低廉，简单易做，又方便携带，最重要的是能实实在在地填饱肚子，因此几个世纪以来一直在低收入群体中广受欢迎。当然，如今的牛肚包早已不再只供果腹，而成了来到佛罗伦萨的旅行者必尝的本地美食之一。

咬上一口，热腾腾的牛肚汁水四溢，再搭配上面包，整体口感松软又不乏嚼劲。没有奶酪来抢风头，大蒜汁和辣酱成为调味主角，酱香在口腔中混合、弥漫——我挑剔的亚洲味蕾立即得到了来自欧洲的最高礼遇。

烧肉三明治
Panino con porchetta
罗马

意大利人和中国人一样，对待猪肉，不会浪费丝毫。最常见的做法就是把一整只猪清理干净，内脏留作他用，然后在猪身内塞满大蒜、迷迭香、百里香等意式香料，然后扎成卷状，再于外层裹上一层猪皮，用绳子一节一节固定好，接着放入炉中慢烤。在烧制过程中，厨师会不时把烤猪取出来，淋上红酒，撒上盐和胡椒调味。最终，猪肉就变成了一件外皮香脆、脂肪润滑、肉味浓郁的"艺术品"。

左图：制作牛肚包

下图：烧肉三明治

右图：炸米球

随后厨师将肉切成非常薄的片，放进面包中，再添上芝麻菜、樱桃番茄和巴马臣（Parmesan）奶酪，便摆在流动的食物车上售卖了。因为这道烤猪肉起源于罗马省东南部的Ariccia地区，所以它也被当地人称为"罗马烧肉"。

别忘了让厨师最后浇上一勺热热的汤汁。一口下去，饱满的肉质和满溢的汁水所带来的满足感，真是无与伦比。

炸米球
Arancini di riso
西西里

在意大利南部地区，普通百姓曾经为了果腹而创造了不少"穷人的食物"，比如将吃剩下的意面切碎，混合蛋液煎制成蛋饼状，就制成一道新菜——Frittata。同理，用吃剩的意式焗饭沾上面包糠做成的丸子，就成了Arancini di riso——风靡西西里全岛的著名路边小吃。

制作Arancini的第一步是熬制Ragù（意大利肉酱）：选一口大锅，里面淋上橄榄油，再加上切碎的胡萝卜、芹菜、洋葱、西红柿、大蒜，以及大分量的精瘦牛肉末、猪肉末和迷迭香、香叶，鼠尾草等香料，用小火慢慢熬制2个小时，直至汤汁粘稠。随后在做好的肉酱里混合豌豆、马苏里拉奶酪和煮好的意大利米，用手捏成球状，再在外面裹上面包糠，炸成金黄色即可。

摊主会把几个大大的炸米球放入碗中，再递上一支长签子。用签子插上米球，冒着被烫伤的危险尝一颗——外焦里嫩，酥脆可口。

意式奶油卷
Cannoli
巴勒莫

在路边面包店的橱窗里，我看到了这款名为Cannoli的意式奶油卷。虽然在一众美貌糕点中显得有些其貌不扬，但它可是意式甜品中的经典。全意大利最著名的Cannoli则来自西西里岛的首府巴勒莫。

Cannoli的做法不复杂：先把外面的卷皮做成管状，炸好固定住形状后，再在"管子"中填入混合了巧克力细屑的里科塔（Ricotta）奶酪，最后在"管子"的前后两端分别放上一颗樱桃和一小片橙子，起到装饰和解腻的作用。

既然是经典，就不可不尝。我毫不犹豫地进店买了一个，然后在露天小桌旁坐下开吃。从有樱桃的一端咬下去，微甜又湿润的奶酪搭配酥脆的外壳，混杂着细微的可可味和樱桃的酸甜，引出浓郁滋味。加之撒在上面的糖霜，使得唇齿所到之处都是一片忙乱。要是既想迅速将其吃掉以免弄脏下巴和衣服，又怕齿颊之间的奶香味就这么转瞬即逝，那么唯一解决的办法就是——再去买一个。

吃的时候切记多拿几张餐巾纸，这个奶油卷可能是最容易使人在公共场合形象尽毁的食物。

上图：意式奶油卷

上图：意大利手工冰激淋

手工冰激凌
Gelato
意大利

在意大利街头随便找一家贩卖Gelato的商铺，都会发现其供应的口味之多足以让人眼花缭乱。我一般会选择在国内不太常吃到的开心果口味或者最爱的樱桃口味。刚刚制作好的Gelato口感细腻柔滑，松软香浓。即使当天没有明媚的阳光相伴，来一口Gelato也足以让人万分愉悦了。

在意大利语中，冰激凌叫作"Gelato"，和英语中的"Ice cream"不同，Gelato专指手工冰激凌。手工冰激凌在意大利的产量，比工厂生产的盒装冰激凌要高出一半，它早已成为当地人生活中不可或缺的一部分。有着"胖子之城"之名的博洛尼亚甚至还专门开设了一所"Gelato大学"，每年接受来自世界各地的意大利冰激凌爱好者的朝圣。

Gelato这么出名是有道理的：在制作时，店主只选择最新鲜的牛奶、水果、坚果等纯天然原材料，不会为了卖相而添加化学香精和色素。另外，意大利人相信冰激凌会呼吸，时间长了它自带的香气就会消失，所以超市的冰激凌自然不能保证新鲜度，路边小店现做的才对味。

静止的风景：巴黎墓园漫游

文 张小电
插图 wawa

"无论以后你去到哪里，巴黎都会与你同在……"

欧内斯特·米勒·海明威曾将巴黎赞美为一场流动的盛宴。这座迷魅之城永远不缺对名人的迷恋，不管他们愿不愿意，长眠在城内4座公墓中的名人将与他们的传奇一起，永远和巴黎同在，成为这座热闹都市中静止的风景。

上图：雪拉兹神父公墓

拉雪兹神父公墓

如何到达：这座公墓有5个入口，从西南门入内最为方便。乘地铁2号线到Philippe Auguste站，沿Boulevard de Ménilmontant往北步行3分钟就能看到这道门。进门后第一个路口右转，在这里的办公室领取免费地图。

收拾行李时，你可能已经为拜访这座巴黎最著名的墓园选好了一支口红。其实给王尔德的墓碑留下一个唇印并不是最重要的事，在拉雪兹神父公墓你还能寻找到不少知名偶像。这座市区内最大的墓园依山而建，墓区的划分没什么规则可寻，名人的坟墓散落在各处。不过这里的访客也最多，因此不用担心迷路或墓碑难找。在巴尔扎克墓、肖邦墓或相邻而立的拉封丹与莫里哀的墓前，多半也有其他游人停留，而在如普鲁斯特墓那样不太好找的坟墓附近，可能会遇到彼此暗自较劲、看谁能抢先找到"目标"的同寻者。

王尔德的墓在上山后台地中央的89区。有个坏消息：再也不能把你的唇印留在他那座刻有斯芬克斯狮身人面像的墓碑上了——管理他坟墓的后人每年都要花钱来清洗层层叠叠的口红印，终于不堪其扰，用玻璃罩把墓碑保护了起来（但还是有不少男孩女孩们继续尝试亲吻玻璃）。另一位同样迷人的传奇偶像吉姆·莫里森的墓在靠近西南门半山坡上的6区，他的墓也被栅栏围了起来，就像演出现场

上图：墓园中的石雕天使

中图：寄托哀思的雕像随处可见

下图：公墓中偶见祭拜的人

需要隔离舞台那样，粉丝们只能隔着数米遥看，按墓碑上的生卒年月计算他到底属不属于"27岁俱乐部"，或者把口香糖粘到墓前一棵包了草席的树上，以此对这位死在巴黎玛莱区的美国摇滚明星表示怀念。

墓园东南角即是著名的巴黎公社社员墙（Murdes Fédérés），这个角落还有很多沉郁美丽的纪念雕塑，譬如纪念"二战"时死于纳粹集中营的犹太人的纪念碑。

左图：蒙帕纳斯公墓春季繁花盛开

下图：萨特和波伏娃的合葬墓前有许多信件

蒙帕纳斯公墓
如何到达：乘地铁6号线到Edgar Quinet站，出站后顺Boulevard Edgar Quinet往东走1分钟即到墓园北门。

这处墓园得名于其所在的街区，整座墓园平整而方正，树木荫蔽，非常适合散步。从正门北门进入，左转到21区拜访玛格丽特·杜拉斯的坟墓，上面放满了各式笔——不少敬慕者会带来一支，又拿走一支，意在给自己的写作带来庇佑。而进门右侧20区靠墙边就是萨特和波伏娃的合葬墓，墓石上除了花朵和敬慕者的信，还放满了巴黎地铁票。

"在墓碑上放一张巴黎地铁票，可是蒙帕纳斯公墓的惯例。波德莱尔的墓上都有，可是在他的时代还没有地铁这种玩意儿呢。"一位老先生对这种"风俗"颇有微词。他的亡妻也葬在这里，所以天气好时他会来逛逛，遇到有眼缘的访客就顺道给他们做讲解。他告诉我，在墓碑上放一张地铁票的传统，其实起源自赛日·甘斯布（Serge Gainsbourg）的名曲《丁香站的检票员》，而这位歌者就长眠于1区靠近路边的一处墓内。

往西南转到第6区能找到波德莱尔的家墓，大诗人与母亲以及关系不洽的继父合葬在一处。可能是觉得这样显得不够体面，从墓园中心的圆形花园往东走到尽头，还有一座波德莱尔的衣冠冢兼纪念碑：只露出面孔的全身雕像躺在围墙旁，而上方由蝙蝠托起的另一座半身像中，诗人托腮望着自己的躯体和远方。在离波德莱尔家墓不远的第7区，民国女画家潘玉良与友人合葬在这里，那方上书汉字的黑色墓碑不算太难找。爱尔兰剧作家塞缪尔·贝克特与妻子的合葬墓在12区靠近路边的位置，黑灰色花岗岩墓石静静等待着全世界的"戈多"们前来探望。莫泊桑之墓则在25区和26区之间，同我交谈的老先生惊异于这位法国小说家对东方现代文学的影响，又感慨梅毒、发疯和英年早逝是那时很多巴黎名人们的最终归宿，墓里的这位巨匠也是一样。

上图：帕西公墓

帕西公墓

如何到达：乘地铁6号线或9号线到Trocadéro站，出站后先过马路去看看属于墓园的"一战"浮雕纪念墙，顺墙往南再右转即到公墓大门。

帕西公墓是巴黎城内4座墓园中最小的一座。从这里的任何一个角落，一回头都可以看见埃菲尔铁塔。进门后第一个环形小广场的西北角长眠着画家莫奈，注意寻找一座立柱上的青铜头像，或者旁边墓碑上气呼呼的小女孩雕像。继续往北，路口左转往西有一条树林荫蔽的小道，由缠绕成心形的树枝装点的伊朗末代公主勒伊拉·巴列维（Leila Pahlavi）之墓就位于左侧。站在墓前往铁塔方向看，还能发现越南末代皇帝保大（Bao Dai）的黑色花岗岩墓碑——这两位没落皇族的坟墓比邻，命运也有些相似。继续顺林荫道往西，德彪西的坟墓就藏在另一处环形地西南边的墓区里了。墓碑是在现代新建的，需要钻进一片阴森高耸的古典墓群深处才能找到。

229

左图：尼金斯之墓

4座墓园开放时间：
3月16日至11月5日 周一至周五 8:00~18:00，周六8:30~18:00，周日及假日9:00~18:00；冬季17:30闭园。

蒙马特公墓
如何到达：乘地铁2号线到Blanche站，出站后顺Boulevard de Clichy往北转，走到尽头就到了。

蒙马特区的色彩纷繁芜杂：香艳的红磨坊在这里，人潮汹涌的圣心大教堂在这里，街头小贩往游人手上拴手绳的小伙俩也在这里。但只要拐进蒙马特公墓，所有灯红酒绿人间事，就被隔绝在了墓园之外。

蒙马特公墓只有一个入口，在这里拿一份公用地图，便可以环游这座地势略有起伏的墓园了。上右边的楼梯，到顶后沿路一直走到尽头，是歌姬达丽达（Dalida）之墓；转下坡穿过桥下的通道再走上Hector Berlioz大道，右手边21区中安睡着法国新浪潮电影大师特吕弗；继续往前到22区的楼梯，别往下走，右转，路过一座拥有华丽青铜女怪装饰像的坟墓，旁边就是小仲马之墓；继续往右，找到一处小楼梯往下走，再走上对面的小楼梯，到顶后顺着下坡路走，可以在左手边看到漂亮的青铜雕塑，德加家族的墓室就在往前数十步的右侧。

继续下坡到坡底转弯处，左手边有阿道夫·萨克斯（Adolphe Sax）的墓室，这位先生正是乐器萨克斯管的发明者；左转走到23区和24区的交叉口，空想社会主义理论家傅立叶之墓就在这个角落，留意寻找围着铁栅栏的坟墓，才能找到那块朴素的白石墓碑。在这个路口转头沿Avenue Samson大道往南走，左手边22区安葬着芭蕾舞者尼金斯基（Vatslav Nijinsky）。

再往前上大楼梯后右转，走到尽头是13区，这里有龚古尔兄弟俩的合葬墓。如果你是小仲马的书迷，可从这里往前左转到15区，茶花女之墓就藏在这个墓区中。从龚古尔之墓折回Avenuedela Croix大道往南，右手边30区长眠着作家司汤达。

法国大革命史上两位著名的刽子手桑松父子也埋在这里：顺着Avenue de la Croix大道继续往南，走到20区和19区交界处的小路，左拐进去后往左看，一座墓室旁边有铁栅栏围住的坟墓便是桑松家族（Famille Sanson）之墓。从这里往前经过圆形花园，右转就能回到入口。

④ 德加家墓 暗色石质墓室不太起眼，但还是可以凭借墓门圆徽上画家埃德加·德加的头像浮雕来辨认。

② 特吕弗之墓 坟墓不靠路边，黑色花岗岩的墓石非常不起眼，可以先寻找一座古旧的无头跪立天使像，其右边即是这个导演的墓。

① 达丽达之墓 这位法国歌姬的墓前，装饰着她如太阳般灿烂的全身像。站在这块高地上，周围民居和酒店近在咫尺，只见一座绿色公路桥横跨墓园一角，以使墓园免于被迁移的厄运。

蒙马特公墓

③ 小仲马之墓 即使不容易找到墓碑上的姓名，也很难错过躺在墓亭下面的那尊白石雕像。墓亭天花板上刻有这位作家的墓志铭："生只是时间的一部分，而死亡却属于永恒。"

⑤ 尼金斯基之墓 他以足间如履风的舞技和新锐不羁的表演风格而留名巴黎文艺史。墓前的等身铜像身披失恋木偶彼得鲁什卡的戏服，让人不禁停下来看一眼他忧郁的眉目。

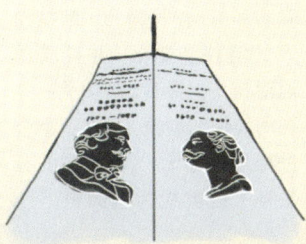

⑥ 艾德蒙·德·龚古尔/儒勒·德·龚古尔的合葬墓 比这对兄弟名声更响亮的，是法国著名的龚古尔文学奖。其实兄弟二人都从事写作，文学奖则是为了纪念早逝的弟弟而设立的。

⑦ 司汤达之墓 墓碑上书大名亨利·贝尔（Henri Beyle），他广为人知的笔名则用括号标注在下面，紧跟其墓志铭"阿里戈·拜尔，这个米兰人活过，爱过，写过。"

摩洛哥：沙漠中的电影王国

文 韦苡珊

摩洛哥是个五彩斑斓的国家，除了风景名胜之外，这里还是好莱坞导演格外青睐的外景拍摄地，诞生了无数传奇电影。

史诗电影
《阿拉伯的劳伦斯》
Lawrence of Arabia
地点：瓦尔扎扎特
（Ouarzazate）

瓦尔扎扎特是摩洛哥南部的城市，从20世纪80年代开始，瓦尔扎扎特就成为电影大导演的青睐之地。沙漠、红土、绿洲、蓝天、白云——所有的一切都让人对远古洪荒年代遐想无限，瓦尔扎扎特也因此而被公认为"摩莱坞"。导演和当地人在大片拍摄地的基础上建立起占地150公顷的阿特拉斯影城（Atlas Studios），在这里你可以探访到《权力的游戏》里的宫殿、《埃及艳后的秘密》里的狮身人面像、《亚历山大大帝》里的战场，而在这一影城建立起来之前，这里就已经诞生了伟大的史诗电影《阿拉伯的劳伦斯》。

瓦尔扎扎特城外的戈壁滩和沙漠腹地，曾经上演过劳伦斯和土耳其军队的激烈对抗。《阿拉伯的劳伦斯》于1962年上映，曾轰动一时。劳伦斯作为英国的使者，单枪匹马横穿大沙漠，到达阿拉伯王子的阵营，指导他们采取游击战对抗土耳其，凭着坚强的意志和行动，他得到了阿拉伯人的信赖和尊敬，并且成功地对抗了土耳其，保护了英国在阿拉伯的利益。一直到半个世纪后的今天，《阿拉伯的劳伦斯》仍被视为电影史上沙漠拍摄的经典案例，这是大制片厂时代才会有的那种史诗巨制，气势恢宏又不乏细节刻画，大笔墨展现的沙漠美景令人沉醉。

瓦尔扎扎特是进入撒哈拉沙漠的大门，我们自驾路过了拍摄电影的沙漠，经过了半个世纪的时光，这里没有再遗留下什么，但是撒哈拉依然风沙猎猎。胶片时代的摄影师们不得不和风沙搏斗，他们的摄影日志里就写道：当年有不少胶片在风沙中被划伤，差点毁了这部电影。《阿拉伯的劳伦斯》称不上史诗电影的起点，但绝对开拓了沙漠史诗的新篇章，它用一种最爷们的方式在最艰苦恶劣的沙漠绝境里谱写出荡气回肠的完美史诗。

左图：阿伊特·本·哈杜筑垒村的写生作品

右图：阿伊特·本·哈杜筑垒村

史诗电影

《角斗士》Gladiator

地点：阿伊特·本·哈杜筑垒村（Ksar of Ait-Ben-Haddou）

从瓦尔扎扎特出发，开车一个半小时就可以看到一座土红色的城堡，层层叠叠的房子沿山而建，远看就像一座用城墙和堡垒堆建而成的金字塔，这就是阿伊特·本·哈杜筑垒村。村子始建于公元8世纪，这里是进入撒哈拉沙漠的必经之村，也是摩洛哥柏柏尔人最具代表性的古村落，那些红色的房屋和土墙几乎座座相连，也展现了当地防御性民居的建筑特点。

这里也许是摩洛哥拍过最多电影的村庄，包括20多部在此取景的好莱坞大片，除了《尼罗河的宝藏》《木乃伊》，还有最具传奇史诗大片风采的《角斗士》。主角马克西姆斯在死里逃生后被卖到这座虚构的村庄，被曾经的角斗士普罗西莫买下，成为一名奴隶，被训练成为竞技场上的斗士。马克西·蒙斯曾经为了罗马帝国的光辉荣耀而战，如今竞技场成为他的战场，他征战的目的是为了制造机会接近皇帝，替妻儿报仇。这个重启角斗士之路的村庄就是阿伊特·本·哈杜筑垒村，层层叠叠的堡垒间正是市井商贩的聚集地。马克西·蒙斯曾经在城墙下挣扎战斗，在烈日和土红色的背景下浴血奋战。这部电影充满了对战斗和血腥的描写，欧洲人总是在试图挣脱精神上的锁链，恢复作为一个罗马人和蛮族人那种酷烈、粗放的个性。透过垒村的门洞，似乎还可以看见电影中的那些峥嵘岁月。

阿伊特·本·哈杜筑垒村已被列为世界文化遗产，进入这里需要穿过一条河，以前骑驴渡河才能到达村庄，现在已经建起了一座桥。村庄如今已经没有多少人居住，但有很多小摊贩，可以买到物美价廉的地毯和餐具。而且，在这里极有可能会碰到拍过好几部大片的群众演员，跟你讲述堡垒中的史诗传奇。

左图:卡萨布兰卡哈桑二世清真寺

右图:马拉喀什库比多亚清真寺外的广场

爱情电影
《卡萨布兰卡》Casablanca
地点:卡萨布兰卡,瑞克咖啡馆(Rick's café)

银幕上的经典赋予了卡萨布兰卡不朽的爱情,实际上,这部著名的电影几乎没有一分钟是在卡萨布兰卡拍摄的,仅有的一个城市全景镜头还是从别的纪录片里借用而来。然而,却是因为这部电影,让全世界知道了这个地方。那句经典的台词也时常出现在恋爱男女的口中:"世界上有那么多的城镇,城镇中有那么多的酒馆,她却走进了我的。"

虽然电影里的咖啡馆是虚构的,但由于电影太有名,一位来自美国的超级影迷依照电影里瑞克咖啡馆的场景,在卡萨布兰卡开了一家同名咖啡馆,里面所有的装饰布置都复制于电影。在这里,你可以点一杯咖啡,想象着自己的爱人正要推门进来。咖啡馆的二楼是个放映室,不停地播放着《卡萨布兰卡》,这就是这座城市的浪漫印记。不过,如果你认为卡萨布兰卡只有这一面那就错了,卡萨布兰卡仍然有大片地方保留着浓重的地方特色,那就是它的城中之城——阿拉伯老城区。它全无墙外那大半个卡萨布兰卡的殖民地样貌,眼前尽是狭窄且宛如迷宫的小街巷和喧闹鲜活的集市,不断有身穿长袍的男人和衣饰古朴的女人行走其中。

爱情电影
《北非情人》Hideous Kinky
地点:马拉喀什老城区

马拉喀什位于摩洛哥西南部,坐落在贯穿摩洛哥的阿特拉斯山脚下。"马拉喀什"在柏柏尔语中意为"上帝的故乡",炎热、尘土和泥砖堡垒使马拉喀什成为独一无二的城市。这里的街道大多都是陶土红色的,还有摩洛哥著名的"不眠广场"——德吉马艾芬娜广场(Djemaa el-Fna Square),也是摩洛哥最大的露天市场,四周有各种商铺,中间是各式摊档,还有杂耍卖艺的、玩蛇的、表演歌舞的、画手绘的、占卜算命的……光怪陆离,魅力无穷。在电影《北非情人》中,由凯特·温丝莱特饰演的英国少妇带着两个稚龄的女

儿,从一段破碎的婚姻中逃离,漂洋过海来到北非的摩洛哥。勇于冒险的她,满怀理想与希望,期待能在异乡为自己和女儿开启生命的另一扇窗。而两位天真的女儿,对民俗色彩丰富的摩洛哥充满惊喜与好奇。这部电影的拍摄地遍布马拉喀什的各个角落,几乎可以称为一部马拉喀什的风光片。在麦地那的小巷中一路走来,道旁撑着彩色塑料棚的小商铺里是形形色色的奇特物件:印有复杂纹路的手工器具、颇有吉卜赛风情的鲜艳服装、造型怪异的乐器和镶饰华丽的短柄手刀。麦地那大街值得用一整个下午细致地品味,这条不宽的街道保留了大部分的古建筑,在2001年被列入联合国《世界遗产名录》。

爱情电影
《欲望都市2》
Sex and the City 2
地点:马拉喀什,撒哈拉宫酒店
(Sahara Palace Marrakech)

马拉喀什除了古老文艺的一面,还有奢侈、时尚的一面,另外一部电影《欲望都市2》在马拉喀什取景,就完全呈现了另一种风格。

《欲望都市2》中,4位女主角从曼哈顿浪到了阿布扎比,而拍摄地却是摩洛哥的马拉喀什。4个为情所困的欲女拎着自己的定制手袋踏上了前往沙漠之国的豪华之旅,先被超级豪华的酒店惊艳,后又因旅途中的艳遇怦然心动,当然也少不了各种各样的麻烦。而她们对待爱情以及人生的态度也在旅途中发生了改变。在电影中说的"阿布扎比皇宫"其实出自马拉喀什的撒哈拉宫酒店,这个宏伟奢华的酒店,汇集了摩尔式、印度式以及威尼斯式三种绝妙的建筑风格,所有客房的周边都环绕着棕榈树和橄榄树,并且都可欣赏到阿特拉斯山脉(Atlas Mountains)、棕榈地区的沙漠地貌、水池和花园。在这部电影里,你会看到奢华精美的房间装饰以及随时待命的服务人员。

马拉喀什的酒店类型丰富,你可以选择住在市区的特色旅馆,早上起来看着古城的日出照亮层层屋顶;也可以选择郊外的度假酒店,在巨大的酒店中享受奢华体验,也许还会和欲望都市中的四美一样,邂逅旅途中的新情愫。

科幻电影
《盗梦空间》Inception
地点:丹吉尔(Tangier)

丹吉尔是摩洛哥北部的古城,紧邻直布罗陀海峡,距离西班牙仅几十公里。20世纪50年代,这里是秘密特工和国际阴谋家会面的地方,同时还是逃亡海外的著名文人经常会选择的藏身之所。传奇作家威廉·伯勒斯(William Burroughs)把丹吉尔称作"国际中间地带",各种奇怪的事情都可能在这里发生,也难怪这里会成为科幻片和间谍片的取景地。丹吉尔是《盗梦空间》中最具异国情调的取景地。当时,丹吉尔正是酷热的夏季,炎炎烈日给剧组造成了不小的困扰,一场"柯布飞身逃命"的追逐戏,就是在当地一处露天市场狭长的街道和巷子里完成的。一位当地人说道:"那天的气温至少有38℃以上,莱昂纳多在全速奔跑,非常投入。"

丹吉尔的夜生活丰富多彩,街上的人来自世界各地,这样的文化氛围曾经吸引了马蒂斯和滚石乐队等一大批艺术家的到来。夜晚来酒吧喝一杯,就可能听到来自世界各地的奇妙故事。

丹吉尔分为新城和旧城,新城多是欧式建筑,高楼林立,街道宽阔,城内不乏高档宾馆与豪宅,然而真正值得一去的却是旧城——房屋密密麻麻,街巷犬牙交错,到处都是店铺、摊点和手工作坊,人声鼎沸,如果是初次到访,简直如同进入迷宫一般,而在这里,你也能找到属于自己的盗梦空间。

科幻电影
《波斯王子:时之刃》
The Prince of Persia: The Sands of Time
地点:瓦尔扎特(Ouarzazate)

在摩洛哥旅行,最大的体验是实时变化的地貌,上一刻还是绿树如荫,下一秒就变成了浩瀚沙漠,再接下来又变成了白雪皑皑。这也是导演迈克·内威尔在拍摄《波斯王子:时之刃》时把外景地选在这里的原因,他最大的挑战就是把瓦尔扎特城外的沙漠变成古代波斯,"其实摩洛哥真正吸引我的地方,就在于那里沙化严重的地貌景观——我们需要沙子,在摩洛哥,想要多少就有多少。而阿伊特·本·哈杜筑垒村让我能

左图：瓦尔扎特附近

右图：乌达雅堡

够把所有时间都凝结；在阿特拉斯山脉里拍摄的时候，生活在那里的人，用脑袋顶着所有能放在上面的物资，实在是太不可思议了，那种感觉就好像是回到了6世纪。"区别于一些厚重的史诗大片，这部《波斯王子》充满了轻松活力的元素，波斯王子在红色的城堡间跑酷、搏击、攀岩，让人肾上腺素飙升，这个厚重沉默的沙漠也变得生机勃勃。而一次又一次的时间重启充满了奇幻的刺激，再重游瓦尔扎特时，让人感觉已不再那么沉重了。

谍战电影
《碟中谍5》
Mission Impossible VI
地点：拉巴特（Rabat），乌达雅堡（Kasbah of the Udayas）、哈桑二世清真寺（Hassan II Mosque）

这些年，《碟中谍》拍到了许多世界胜景，比如灰色的伦敦、蓝色的迪拜、金色的维也纳，而在《碟中谍5》中，镜头对准了摩洛哥，摩洛哥的拉巴特绝对是土黄色的。从阿汤哥带着计算机高手班吉进入摩洛哥之后，画面上就出现了大面积的黄土和当地特有的沙石建筑群。

电影中的机车追逐戏份则是在首都拉巴特的乌达雅堡（Kasbah of the Udayas）拍摄的，阿汤哥直接从城堡的台阶飞车开入海里。乌达雅堡是一座始建于12世纪的柏柏尔王朝军事要塞，在之后的岁月里曾被阿拉伯人、葡萄牙人和法国人占领。城堡内的老城区仍然保留着柏柏尔民居的房屋和街道，有着与舍夫沙万（Chefchaouen）相似的蓝白色建筑。现存的乌达雅堡对外开放区域有三个部分，院内花园、博物馆和高空平台（古时空中市场的遗迹）。

在驾车追逐之后，阿汤哥夺下摩托车，继续追赶被抢走的磁盘，这时，电影中出现的，就是哈桑二世清真寺（Hassan II Mosque）了。哈桑二世清真寺三面临海，只有一面与陆地相连，其中的三分之一面积建在海上，以纪念摩洛哥的阿拉伯人祖先自海上来。

237

左图：丹吉尔蓝色麦地那

右图：马拉喀什芭芭拉大门

谍战电影
《谍影重重3》
The Bourne Ultimatum 3
地点：丹吉尔的阿拉伯人聚居区

丹吉尔不仅被盗梦师弄得底朝天，还被间谍们搞得天翻地覆，《谍影重重3》的主要画面都是在丹吉尔取的景。

这座被城墙包围着的城市同时还因阿拉伯人的聚居区而闻名，狭窄的街道两旁异常拥挤，坐落着上千座建筑物，有风格迥异的小商店，也有供人休息的餐馆、咖啡厅。制片人弗兰克·马歇尔回忆道："这是一个非常古老且让人着迷的地方，能够赋予我们故事强烈的历史色彩，在那里拍摄伯恩式的追踪场面，再完美不过了。"在丹吉尔，传统的拍摄方式是行不通的，因为剧组需要在里里外外上百个旁观者之间进行迂回拍摄：在这里，男主角伯恩将会与他致命的天敌戴什在丹吉尔古老而多风的大街上互相追逐。快速而紧张的动作场景还包括伯恩在阿拉伯人聚居区狭窄的街道上飞奔，拍摄这组场景就需要依靠多个有创造力、有策略性的摄像机机位了。工作人员还在电缆上装置了摄像机，以捕捉那些紧张的屋顶追逐场面。设计师与特效师联合导演保罗·格林格拉斯共同在丹吉尔寻找适合伯恩和戴什进行猫鼠游戏的屋顶。

在犹太区里，并排坐落着3所大房子，伯恩通过窗户在3所建筑物内部穿行，最后跳到邻近房子的阳台上。在丹吉尔拍摄的最壮观的一组场景是伯恩从4层楼高的屋顶跳下，然后直接落入对街一幢公寓的窗户里，而摄像机正好就摆在他的正后方，并捕捉到了这组惊险的镜头。替身演员身上背着摄像机从屋顶上跳下，这会让观众切身感受到伯恩在做这些高难度动作时的惊险。在犹太区漫步时，我们还能找到当时他们跳下来的房子，体会上天入地的精彩追逐。

实用旅行建议

健康和安全

旅途健康和疾病

饮食和饮水

切记"病从口入"这句老话,在旅途中更要保证入口之物的可靠:对陌生的食材保持戒心;买罐装或包装完好的食物通常比较安全,而鲜切水果、切块糕点、摆盘食物则风险较高;和在家里一样,去正规场所吃饭;喝瓶装水——在不发达地区还要留意小贩自己灌装的"山寨"水。

但有时,旅行中的腹泻(或便秘)难以避免,尤其是在旅途刚开始的几天,相信你的身体,给它一点时间去适应。如果腹泻同时出现发热、绞痛等症状,则要尽快就医。

蚊虫

小小的蚊虫可能带来极大的健康威胁。如果你是在热带或野外旅行,请穿长袖衣服、长裤和袜子,尽量减少皮肤的暴露面积;如果你的目的地是疟疾高发区或者蚊子携带登革热病毒的地区,则要提升防护等级:保证衣物覆盖全身、夜晚使用空调和蚊帐,以及频繁使用驱蚊产品(选用有避蚊胺——即DEET成分者)。

防晒

紫外线是造成过敏、炎症以及衰老的主要原因,因此你没有理由不在旅行中做好防晒。如果嫌打伞麻烦,就准备好帽子和袖套;如果嫌帽子太热,就仔细涂抹防晒霜;如果嫌防晒霜太油腻,就尽量选择清爽配方的防晒霜;如果对所有的防晒成分都过敏,那还是乖乖地打伞、戴口罩吧。

药品

对自己的身体和药品药效有基本了解的旅行者可以准备一个药品包,在旅途中"吃错药"可不是闹着玩的。除了常用的感冒药、退热止痛药、抗过敏药、止泻药之外,还可以根据自身和目的地的情况携带药品,比如晕车药、防中暑药、维生素等。尽量选择你曾经服用过的药品。

病毒

当下出行的前提是你的所在地和目的地都属于新冠疫情低风险地区。即便如此,也要在旅行中全程佩戴口罩,并且携带酒精棉片和免洗洗手液等防护用品。

健康和安全

可能陷入的危险

偷窃和抢劫

低调慎行能为你减少许多麻烦，比如打扮得像当地人，不要表现出游客的模样。尽量缩短随身背包的带子，把财物放在贴近身体的一侧能减少偷窃行为的发生。

万一你遭遇抢劫，最好快速交出抢劫犯要的财物，因为抢劫犯通常也很着急逃跑。随后你要保持镇静，尽快转移到安全的地方，然后报警、求助、挂失信用卡，以及评估损失，并通知你的保险公司。在没有把握的情况下，不要贸然反抗。

尽管女性更容易成为抢劫的对象，但它的发生概率仍然远小于偷窃。

骗局

警惕免费的午餐、过分的热情、夸张的赞美和便宜的高级货。如果有人提出让你去一个地方或者跟你谈到钱，要马上警觉起来。事先对你的目的地做足功课，并且预订好住宿地，这样你就可以远离那些掮客了。

骚扰和侵犯

旅行中的性骚扰大多数时候和浪漫毫无关系。首先要识别那些不怀好意的接近，相信你的直觉，如果感到一丁点儿不舒服，就马上离开。没有必要为了保持风度和礼貌而纵容那些搭讪者，这可能会导致他们采取进一步的行动。

如果对方十分无赖（不然怎么会纠缠你呢），一定要明确、坚定地拒绝，并且对任何企图侵犯你的肢体行为表示零容忍，大声喝止。

在较为保守或者宗教氛围浓郁的目的地旅行时，要格外注意自己的言行和穿戴，不要让人误会你在给他"暗示"。一枚结婚戒指和一句"我在等我的丈夫"有时也能帮你解围。

活动安全

如果你是极限运动爱好者，或者你在旅行中打算进行一些高风险的项目，要选择口碑好的活动经营商，务必做好保护措施。注意，这些高风险项目可能不在普通的旅行险保障范围内，购买时请留意。

健康和安全

女性
旅行烦恼

带着"姨妈"去旅行

谁也没办法使旅行完美避开生理期,何况旅途中的各种变化经常会造成生理期的不准时。对此我们的建议是:把卫生巾打包进行李箱吧,尤其是当你去不发达地区时。至少要准备两天的量,而且确保你随身的小包里就有一片。挑选卫生巾的时候记得:更薄、更长、更无忧。

关注私密部位的健康

旅途的劳顿和不可预知的卫生条件均可能导致尿道感染、阴道感染等,多打包几条内裤和湿厕纸在行李中,能起到预防作用。但如果你仍然很担忧,最好携带对症的抗生素。

避孕:做好防护

若你在旅途中有避孕的需要,就事先准备好所有的避孕用品,包括你平时服用的避孕药,以及避孕套等,可不要等到了当地再买。如果你不太确定,那么携带紧急避孕药也不是个坏主意。

过敏怎么办

对皮肤敏感的旅行者来说,气候、水土、情绪的变化很可能会给你的皮肤带来过大的压力,从而导致过敏。确保你打包的护肤品都是平时惯用的、性质温和的产品,带上你正在使用的药膏和内服药剂,做好防晒。

打包指南

容易上手的打包技巧

首先 → **接下来** → **开始**

你需要一个行囊

在提问"该选择行李箱还是背包"之前，先确定你要去的目的地和住宿情况。

目的地是城市吗？有石子路吗？需要经常爬台阶吗？然后你大概就能做出决定了。

确保你的行囊是结实的，至少得能陪你完成这趟旅行，选购时重点留意行李箱的轮子和背包的背负系统。

随身的小包要防盗、轻便，最好有几个暗袋或者分区，再小也应该能放下一瓶矿泉水或者折叠雨伞。

制定打包清单

无需一次成型，经过几番筛选、尝试、修改后，这份清单应该比较靠谱了。然后你就可以照着这份经过反复推敲的清单，在打包时检查遗漏。

★ 必须带的和千万别带的

其实并不存在这样的建议，带或不带都取决于你的习惯和目的地的情形。倒是有几个优先携带物品原则可供参考：保障生命安全的，当地买不到的，能以小体积解决你的大困扰的（比如睡眠障碍者必备的耳塞）。

尽量避免携带：大包装的消耗品（如家庭装的洗发水、一大包面纸——多利用分装工具吧）、各种液体、大体积的纺织品（比如大号浴巾——它们都有轻便的替代品）。

打包吧

别迷信那些高级的打包魔法，记住你的目的只有两个：能放下所有的东西，能找到所有东西。无论你习惯用折叠法、卷放法、乱放法……尽量有规律地收纳东西，对于零碎的小东西，与其用它们来填塞空隙，不如归拢到一起保存，否则难保下一次需要的时候你还能找到它。

★ 预留一些空间

即便你是个打包高手，能把30公斤的行李塞进20公斤的旅行箱，每天早上起来重新打包的过程也足以让你崩溃。所以不要装得太满，不仅打包从容，还能给手信预留空间。

打包指南

既要轻装出行，又要百变造型

对女孩子来说，出行最大的难题，恐怕就是造型，怎么能用有限的选择玩出更多的搭配，绝对是一项技术活。

7件
单品挑战

为了避免混乱，一开始就给自己设定限制，比如，为一场为期10天的春季法国之旅设定7件单品挑战计划——谁会想在法国穿得灰头土脸呢！

我通常会挑选3件上装、2件下装、2件外套。

从下装开始，比如一条耐磨抗造而且什么上衣都能搭配的牛仔裤，一条直筒微弹穿去远足也合适的卡其色长裤。

然后确定外套，你最喜欢的那件针织开衫和一件能让你在火车上把自己包裹隔离得最有安全感的风衣。

最后选定上衣，因为裤子已经很百搭了，就从你庞大的衣橱里挑选3件能代表你风格的上衣吧，比如红白条纹的海军T恤、V领的开司米羊绒衫、甜美风的花式上衣……

挑选原则就是尽量使每一件衣服都与其他衣服搭配，这样你就拥有了不重复的好几套造型。

重视打底和
基本款

尽管独特、别致的行装更吸引人的眼球，但是在旅行中，千万别忽视基本款和打底衫的重要性，它们百搭、实用，可以叠穿保暖，而且通常更舒服。诀窍是先确定下装，然后再挑选几件质量好的基本款上衣，例如T恤、衬衫和针织衫。选择黑、白、灰、米、棕、海军蓝等中性色会降低搭配的复杂程度。

加点
当地元素

如果你去少数民族地区或者东南亚、中南美洲等地，记得在常规单品中加入一两样有特色的饰物，比如你之前收藏的款式夸张的大项链，或者色彩鲜艳的大围巾等。也可以到了当地再购买，通常能以更低的价格淘到宝。

打包指南

提升旅行舒适度的小装备

○ 吹风机和迷你熨斗

○ 一次性内裤

○ 日抛隐形眼镜

○ 旅行老三样——眼罩、耳塞、充气枕

○ 速干毛巾

○ 真丝枕巾

学会分开放

★ 重要文件的原件和复印件分开放

★ 重要文件的打印件随身携带,电子文档存在电子邮箱里

★ 身上的大钱和小钱分开放(还要记住你放在哪里了)

★ 保险、住宿、交通凭据等电子版要给家人或朋友留一份备份

行程规划

出发前的准备

了解你的目的地

说走就走当然潇洒，但我们建议你对于不熟悉的目的地，至少要做好基础调研。该关注的第一个问题就是：你去的地方安全吗？需要考虑的因素包括政治局势、是否有战争、有无传染病、自然灾害、社会治安情况等。而眼下更迫切的一个问题就是当地是否为新冠疫区，即便不是，也要考虑往返的隔离要求。此外，还应尽可能多地了解目的地的季节、气候、饮食、人文等情况。

预订交通

出发前你至少应该搞定交通中最大头部分的购票，比如往返机票、不同目的地之间的火车票等。如果你为旅程保留了灵活度，那就得预判是否能临时买到票，多做几套备选方案总不会错。另外，尽管现在网络订票已经相当普及了，但如果你要去的地方够偏，就得有点心理准备，很可能那里获取交通信息的方式仍旧是靠"等"和"问"。

预订住宿

首选通过各类订房网站和App预订国内外目的地住宿，可靠的平台会为你的订金提供保障，建议你优先选择可以退款的平台。其次，一些小众的民宿或旅馆可能需要你通过微信公众号、电子邮件甚至致电的方式预订，如果这时需要你支付订金，而你对店家并不信任，或者你的行程变数较多，还是另选一家吧。

买好保险

买旅行险最大的风险不是买贵了（因为它们通常都挺便宜），而是买错了。请确保你购买的保险能够覆盖你前往的地区、你要进行的活动、你的旅行时长，以及你需要保障的项目。不知道去哪里买的话，可以在支付宝里搜索"旅行险"。

行程规划

行程规划的灵感

旅行首先要解决"去哪儿"的问题，以下是一些思路。

★ **主题和兴趣：**
比如咖啡之旅、游猎之旅，有了主题就很容易锁定目的地

★ **书影音：**
带着一份情结出发吧，打卡故事发生地也很有趣

★ **社交网络：**
网络信息铺天盖地，最好对二手信息保持质疑，多做功课

★ **避免"照骗"：**
一张照片可以是你出发的灵感，但别光靠它就轻易做决定

如果你是第一次独自旅行

细心规划行程

旅途中最大的安全保证不是一身武艺的男朋友，而是认真细致的规划。你可以参考别人的路线，或者另辟蹊径自己探索，但要充分考虑各种合理性和可行性，并为可能出现的情况做准备。

了解当地文化、礼仪、禁忌等

了解当地文化、礼仪、禁忌等，不仅能避免闹笑话或冒犯他人，还可以为你的旅行增添许多乐趣。比如学一两句当地话能让你收获更多善意，多知道两个历史掌故能让你和别的旅行者更有得聊。

请一位"远程旅伴"

闺蜜、男友、父母、班主任——找谁都好，你得请一位"远程旅伴"和你同游，他需要了解你每一天的行程，包括交通和住宿详情，最好能约定一个固定时间，每天报平安。

准备好收获惊喜

如果已经准备好了，那就出发吧！除了小心谨慎，一定记得带上好奇、包容、勇气和耐心一同上路，你一定会收获大大的惊喜！

女性
旅行
小贴士

和我们一起游走于世界各地吧,看看女性旅行者如何在陌生环境中困知勉行,并了解本地的女性榜样及组织为实现自我价值付出了怎样的努力。

中国

丽江生活着纳西、摩梭、傈僳等多个民族,如果你有机会参与这些民族的传统节庆或集会,将有机会一睹她们的盛装打扮:纳西女子身后背的带七星圆纹装饰的围腰是用整张山羊皮与羊毛毡一起制成的;摩梭女子也爱披带毛山羊皮做成的披肩,还会用牦牛尾的长毛做成假辫子以装饰发髻,而一些有年头的摩梭袍则常用狐狸皮滚边;傈僳族喜欢用羊毛毡制作衣料和帽子用以保暖,五彩的羊毛毡小球装饰与缅北地区相通。不过,如今为了旅游表演而制作的民族服饰在材质上要简单便宜得多。

日本

女性旅行者在日本相对安全,但也并不像预想中的那么安全。外国女性有时会遭到某种形式的口头骚扰或窥探隐私的提问(尤其是在夜生活区域)。几家轨道交通运营公司已经引入了女性专用车厢,以保护女性乘客免遭痴汉(chikan,指在拥挤车厢骚扰女性的男人)骚扰。工作日时的高峰期,这些车厢仅允许女性乘坐,月台上有标志(通常是粉色)指示上车位置,车厢通常也用日文和英文贴上了标志(仍然多是粉色)。另外儿童也可以乘坐这类车厢,不分性别。

菲律宾

每年有数以万计的人前往吕宋岛北部的偏远村庄Buscalan朝圣,请一位瘦小却气质优雅的女士为他们文身。这位女士名为Whang-Od,据称出生于1917年,是最后一位mambabatok,即传统卡林阿(Buscalan所在的省)文身艺术家。在她的时代,她会为猎头者和部落女性文身;如今,她每天早早醒来,准备以煤烟为基底的文身墨水和柚子果刺等材料,为游客们文上卡林阿传统图案。2016年,她被菲律宾官方正式认定为"活着的国宝"。有时当Whang-Od觉得游客太多或者身体不适时,她就会请两位后辈亲属帮忙。年轻女性眼神更好,作品也更干净,线条更流畅,不过顾客依然能得到Whang-Od标志性的"三个点"签名。

蒙古

妇女在蒙古社会中享有充分自由。在农村，妇女往往负责卖羊、交换面粉和大米，或者管理家庭现金储备等工作；男人们则忙于放牧、在家周围修修补补或者前往市场做买卖。平均而言，当地女性的受教育程度更高，80%的高校学生为女性；男性则要留在农村，照顾年迈的父母和家里的牲畜。大多数蒙古男人友善有礼，不会别有用心。女性旅行者可能也会遇见烦人的醉鬼或者大男子主义的白痴，可以喊一句"Sasha be"（走开）以驱逐他们。

俄罗斯

俄罗斯人的性别观念依然十分传统，男性通常会抢着帮你开门或挂大衣，并在约会时表现得像一位"传统"绅士一般。同时，俄罗斯女性独立性很强，一般来说，独自旅行的女性不会受到特别关注，大街上也很少发生性骚扰行为，但女性还是应尽量避免夜间在街头随手招揽出租车，可以给一家信誉好的出租车公司打电话叫车。另外，俄罗斯城市女性在晚上外出活动时都会盛装打扮，如果你穿着随便，在餐馆、剧院或观赏芭蕾舞时会引来他人讶异的目光，这可能会令你感到不适。

中亚各国

尽管苏联实行经济"平等"，但现在中亚各国仍然是由男性占主导地位，许多本地男人都无法理解女人为什么要独自旅行。乌兹别克斯坦的大男子主义盛行，是性别歧视最严重的地方，而吉尔吉斯斯坦则相对最轻微。在乌兹别克斯坦的费尔干纳山谷和塔吉克斯坦，女性不允许进入清真寺。另外要注意的是，大多数中亚人很乐意你给他们拍照，但是在拍之前你一定要先征求一下他们的意见。如果你拍摄女性，会发现人们对此十分敏感，在农村地区尤为突出。女性摄影师如果已经和被拍摄对象建立了一些联系，就可以不必为此事感到烦恼了。"我可以拍张照片吗？"的俄语表达是"fotografirovat mozhno"，不妨记下以备不时之需。

印 度

出发前如思虑较多，不妨阅读以下贴士缓解焦虑：

★ 不要穿无袖背心、短裤、短裙（推荐及踝长裙），衣服切忌暴露、透明、紧身。

★ 用一块dupatta（长头巾）覆盖在T恤上以避免被盯着看，游览神庙时还可方便地用它包裹头部。

★ 身着shalwar kameez（包括上衣和裤子的传统印度套装）有助于更快融入当地，能盖住裤子的kurta（长衬衫）也是个不错的选择。

★ 不要外穿紧身纱丽短上衣或纱丽衬裙（一些外国女性将它错当成裙子），那样相当于半裸。

★ 用"namaste"（合十礼并说你好）代替握手，这是一种礼貌的传统问候方式。

★ 在火车上过夜，最好选择二类空调卧铺靠外的上铺，这样能远离咸猪手，而且周围会有许多乘客，不像一类空调四人卧铺包厢那样——有可能除你之外里面只有一名乘客，那样比较危险。

女性旅行小贴士

美国

一座有着简单却格外有力的名字的四层建筑——女性大楼（The Women's Building），于1979年在旧金山建成，它也是美国首个由女性拥有并管理的社区中心。建成后的十余年间，该中心的女社工们做了很多默默无闻却有益的工作。直到1994年，7位壁画艺术家在女性大楼的外墙上绘制出当时旧金山最大也是最著名的壁画之一——《女性和平》（Maestra Peace），壁画主题是不同文化里的女神和人类历史上的女性开拓者，目的是表彰世界各地女性的贡献。

加拿大

班夫国家公园建于1885年，是加拿大历史最悠久的国家公园。同名小镇班夫就坐落在公园中，自然条件得天独厚。生活在镇上的Mystee Maisonet既是一名从业20多年的瑜伽教练，同时还在社区农场为小镇居民无偿烹饪美食——从杏仁榛子牛奶和康普茶，到韩式烤肋排配印度尼西亚丹贝，菜品多样，而且随季节变化不断更新。此外，Mystee还为在班夫旅行的烹饪爱好者开设了课程，并且在网站omcookingbanff.com上公开了菜谱，方便线上自学。

墨西哥

纺织品是恰帕斯高原著名的原住民工艺品，包括传统无袖上衣、女式衬衫和毯子等。佐齐尔族（Tzotzil）纺织工人则被认为是墨西哥境内技术最好且最有创造力的人群，有代表性的原住民女性纺织合作社有以下两家：

J'pas Joloviletik一家有30年历史的合作社，名字意为"会纺织的人"，由多个社区的百余名女性组成，她们在圣道明堂东面有一家宽敞的商店。

Sna Jolobil名字的含义是"纺织屋"，展示和发展了重要的原住民艺术——背带织布法。这里出售的织品质量非常高，小物件仅售几美元，最好的衬衣需要上千美元（好几个月的劳动成果）。

古巴

古巴是较为安全的女性旅行目的地。女性晚上可以在大多数街道上独自行走，暴力犯罪罕见。当地男性颇有骑士风度，但这有利也有弊：好的方面是它保证了女性的安全，但也不能杜绝这些男性因为过于自信而纠缠女性的可能性。古巴本地女性对piropos（口哨、亲吻声和耳边不断的赞美声）已经习惯，心情好的时候甚至会给予回应。外国女性若是感觉受到了侵犯，可以忽略这些口哨，或是学习一些西班牙语中的反驳语，以便让那些男人闭嘴，比如no me moleste（不要打扰我）、está bueno ya（不要再说了）或que falta respeto（太失礼了）。

牙买加

在熟谙雷鬼音乐的外人看来,牙买加显然是大男子主义横行。然而,在40%的牙买加家庭中,妇女才是唯一挣钱养家的人,而且女性的识字率要比男性高得多。但是这样并不能避免牙买加妇女面临社会阴暗面,尤其是激增的性暴力事件。所以,独自旅行的女性在离开遍布该国的迷人沙滩后,切记换上谨慎端庄的着装。

玻利维亚

奥鲁罗(Oruro)是玻利维亚第五大城市,这里肮脏、拥挤,食物几乎难以下咽。每年2月举办狂欢节时,这里才会摇身一变,成为热闹的派对现场。纵酒的狂欢者——包括豪爽的本地人,他们盛装打扮,自称"犰狳"——热衷于互相泼水。老实说,这种做法有点无聊,但人人都这么干。一定要记住,在临近狂欢节的日子和节日期间,独自旅行的女性是恶作剧"水炸弹"的绝佳目标,记得及时避开人群,不然会备受骚扰。

阿根廷

1995年,女性常设讲习班的成员Piera Oria和Carola Caride决定开展一项"反女性歧视"项目,于是,开在布宜诺斯艾利斯的书店Liberia de Mujeres (libreriademujeres.com.ar)应运而生。它是世界上第62家(阿根廷唯一一家)由女性运营,并且只销售女性主题出版物的书店,店里的出版物数量超过8000部,涵盖女权主义、生殖权利、性多样性等多个主题。

巴西

巴西是最先开展女权运动的拉丁美洲国家之一。1932年,它还成为该地区最先为妇女争取到投票权的国家之一。如今当地女权主义非政府组织的数量正在不断增加,它们致力于向妇女普及法律知识,同时还培训警方正确处理家庭暴力事件,首都巴西利亚甚至还有一个女权主义游说团体。对于独自旅行的女性来说,在巴西各地遇到的情况也不尽相同。举例来说,第一大城市圣保罗有许多欧洲后裔,所以外国女性很少会在这里引起路人围观;但在保守的东北部乡村地区,有大量多民族混血人士,金发和肤白的女性(尤其是没有男性陪同者)多会引起路人的好奇。夸张的挑逗是巴西男女交往中的一个突出现象,不过此举在当地普遍被视为一种单纯的逗乐,不必感到受辱或被利用,也无须严肃对待。

编后记

我的身边有很多热爱旅行的女性,她们分布在各种年龄段和职业中,有人喜欢呼朋唤友,有人喜欢独行天下,其中有享乐派,也有"苦行僧"。

有一部分朋友,总是一边对身边好友的旅行表示羡慕,一边又觉得出行是一件极其困难的事情。她们有时候是无法克服对陌生感的恐惧,有时候止步于不知道从何处开始规划繁杂的行程,此外,担心语言不通、饮食不惯也是常见的理由。

还有一种障碍,来自身边人的质疑——"一个女孩子去那么远的地方多不安全?""怎么会有女生喜欢这种吓人/刺激/蛮荒……的玩法?"有人因此自我怀疑起来——"我肯定没办法组织一次精彩的行程""如果没有旅伴我是不可能完成旅行的"。

我是一个旅行爱好者,不管是和家人、朋友出行,或是独自旅行,我总能充满干劲、乐在其中。当一些朋友深表羡慕却又坚决不迈出脚步时,我都会觉得惋惜,如果她们愿意尝试一下,也许会发现自己新的力量。

的确,很多事情对于女性而言,障碍都会更大一些,危险会多一些,但已经有不少"勇士"冲出去了——她们真的称得上有勇有谋。

我试图猜测,到底还有什么在禁锢其他女性朋友的脚步呢?也许是在周围的"案例"中,没有看到适合自己的旅途类型,也许是把某些环节想得过于艰难。那么,如果我们能集中足够多的旅行"样本",涉猎旅途的方方面面,能为这些心存担忧的女性朋友提供一份参考和动力吗?

于是我们策划了这本MOOK,书里的故事完全由女性作者书写。在收录稿件时,我们尽可能地涉猎各种场景,于是你将看到这些从20岁到60岁不等的女性,去过世界上不同的角落,有过各种各样的体验,不管是追寻历史的足迹,还是在荒野中欣赏巨兽,又或者在新冠疫情蔓延的纽约街头记录一些瞬间,抑或是干脆放弃原来的生活,旅居异邦,开始新的人生。我们还邀请资深旅行作者列出了她对女性旅行者的实用建议——细致到心理建设、打包行李、衣物穿搭!

幕后

不知道你是否带着这个问题来读了这本书：女性的旅行和男性有什么不同？如果不告诉你这本书的作者均为女性，你能看出其中的差别吗？

我猜测，很多人的答案应该是否定的。确实，写故事的女性各有不同，但似乎又和男性旅行者的旅途没什么不同。

有没有人和我一样这样想过，或许这才是理所应当的？

在旅行这件事上，男人和女人没什么区别，而这个巨大的世界，也没什么可畏惧的。

策划这本MOOK的初心，是想传递一种力量——女孩子一个人去旅行不可怕，世界也不可怕，你可以有无数种途径和方法去触及你想触及的东西，这些撰稿人就是值得参考的榜样。这也是这本MOOK的主题词"飒"的来源——致敬那些飒飒威风、行走世界的女性。

而你，也可以随时出发。

——本书责编

星行客Planet Seeker是中国地图出版社旗下旅行·生活·文化品牌，拥有雄厚的旅行内容资源。品牌致力于记录当下新鲜、特别的生活方式，推广积极乐观的生活态度，分享花样百出的旅途故事，相信每个人都有自己面对旅途的方式，也都能在旅行中找到属于自己的乐趣，旅行没有能作为唯一准则的方法论。

星行客一直致力于让你所爱的世界离你近一点，再近一点。勇敢的旅行者、智慧的生活家，一路同行，我们始终乐意与你为伴。

星行客，探索不设限！
Planet Seeker, Universal Rover。

执行出版..............马珊
总编....................朱萌
责任编辑..........林紫秋
编辑..................叶思婧
视觉设计..........李小棠

图书在版编目（CIP）数据

飒 / 星行客生活馆编著. -- 北京：中国地图出版社, 2023.1

（旅行没有方法论）

ISBN 978-7-5204-3263-4

Ⅰ. ①飒… Ⅱ. ①星… Ⅲ. ①游记-世界 Ⅳ. ①K919

中国版本图书馆CIP数据核字(2022)第258483号

旅行没有方法论·飒
LUXING MEIYOU FANGFALUN · SA

出版发行	中国地图出版社
社址	北京市白纸坊西街 3 号
邮政编码	100054
网址	www.sinomaps.com
印刷	北京华联印刷有限公司
经销	新华书店
成品规格	169mm x 239mm
印张	16.5
字数	264 千字
版次	2023 年 1 月第 1 版
印次	2023 年 1 月北京第 1 次印刷
定价	68.00 元
书号	ISBN 978-7-5204-3263-4

除随图特别注明外，本书图片由视觉中国提供。
如有印装质量问题，请与我社发行部（010-83543956）联系